アラフォーから始める
オトナの英語学習法
「しないほうがいい」40のこと

The best way to learn English
for adult learners aged around 40
40 items *NOT* to be done!

けんたっきぃ

新評論

はじめに

　私はいま，台湾の首都・台北でこれを書いています。台湾は中国語圏です。過去に英語圏で暮らしたことはありますが（アメリカ 4 年，オーストラリア 2 年，イギリス 1 年），中国語圏は 41 歳にして初めてのことです。こちらに来て 7 か月ほど経ちましたが，言葉にすごく苦労しています。毎日中国語を聞く生活をしているというのに，まだほとんど聞きとれません。

　じつは，中国語の学習歴がゼロだったわけではありません。学生時代，アメリカのカレッジで 1 年，日本の大学で 1 年，中国語のクラスを受講しました。それがまったく身になっていないのですから，お恥ずかしいかぎりです。

　それだけではありません。私は 28 歳のときから台湾に来る直前までの 12 年間，東京で英語と中国語の語学教室を経営していました。生徒さんは 30〜40 代，つまりアラフォー世代の社会人が中心です。私は経営者兼英語講師で，中国語については中国人の先生に来てもらっていました。その間，事務所には中国語の教材（本や CD）もたくさんあって，先生もすぐそばにいたわけですから，その気になればいつでも勉強できる環境だったのです。それなのにやらなかった。いま思えば，いつでもやれるからという油断があったのでしょう。じつにもったいない話です。そしていま，中国語圏に暮らして，ほとんど話せない，聞けないという惨憺たる状況にいるわけです。

　では英語はどうだったかといえば，昔は全然ダメでした。小学 4 年生で近所の英語教室に通いはじめて以来，中学では好きな科目だったし，デキもまずまずでした。ところが，高校に入るや，とつぜん英語

の勉強をしなくなってしまったのです。というか，高校の3年間は，英語にかぎらず学校の勉強をまったくしませんでした。当然ながら大学受験にも失敗し，進路に迷うことになります。このときに，見かねた親の勧めもあって，アメリカに留学することになりました。

ごく短期間，英会話スクールに通った以外，まともな準備もせずに渡米。当然ながら，最初に通ったハワイ大学マノア校のHELP（留学生向けの英語習得コース）でも，ホームステイ先でも，ネイティブ（母語話者）たちの話す英語がまったく聞きとれず，ガク然としました。それから必死で勉強しましたが，なかなか上達せず苦しみました。

当時は，自分がのちに英語で生計を立てるようになるなんて，思ってもみませんでした。それぐらい私の英語はひどかったのです。それでも，いまの中国語のレベルよりはマシでした。中学までの基礎がありましたし，世にあふれるカタカナ語でけっこうたくさんの単語になじんでいたからでしょう。

この点，中国語は意外にやっかいです。漢字圏ですから（台湾は繁体字圏なのでよけいに），意味の見当がつく語もたくさんありますが，なかにはさっぱりわからないものもあります。たとえば果物の名前です。香蕉（シャンジャオ），蘋果（ピンゴウ）という字面を見て，辞書を引かずに意味がわかる非中国語話者はどれだけいるでしょうか？　正解は，香蕉：バナナ，蘋果：リンゴです。一方，banana, apple という英単語を知らない日本人は，さほど多くないでしょう。語彙ひとつとっても，思いのほかハンデがあって参ります。

それに私の場合，年齢の問題もあります。英語圏に住むようになったのは19歳のときで，まだまだスポンジのごとく知識を吸収できましたが，いまや不惑を超え，記憶力も定着力もガタ落ちしています。

しかも留学時代と違って、いまは仕事がありますので、中国語学習を生活のメインに据えることはできません。

短期の観光旅行なら、付け焼き刃の語学でもなんとかなりますが、生活するとなるとそうはいきません。買い物や外食くらいなら、欲しいものを無言で指させば用は足せるでしょう（無愛想な客ではありますが）。しかし、病院、役所、美容院となると、細かい希望や微妙なニュアンスを伝えるためにどうしても言葉が必要です。私はいまのところ、英語の話せる台湾人の友達に同行してもらって通訳をお願いしています。いい年をしたオヤジが、散髪するのに人に付き添ってもらわなければならないとは、情けない話です。

しかし、悪いことばかりではありません。この年でひさびさに言葉で苦労することで、「アラフォーで語学を始めるとしたら、方法は必然的にこうなる」ということがクリアに見えてきたのです。苦しみながらもやればやるだけ身についた学生時代、そしてとにかくがむしゃらだった講師時代には、こういう発想の転換はできませんでした。

本書は、アラフォー世代が英語学習に取り組むにあたって、「すべきこと」ではなく**「すべきでないこと」**を挙げたものです。つまり、実戦的なテキストではなく、英語学習を始めるにあたっての手引き書です。「すべきでないこと」を整理することで、「すべきこと」が見えてくる仕掛けになっています。

ひとつ確実にいえるのは、語学はあきらめたら終わりであって、続けることが習得の最低条件だということです。以下で述べるように、じつはアラフォーにとってこの「持続・継続」こそが最大の難関です。続けるために必要なコツを、自分の学習者・講師としての体験をふまえて、できるだけ具体的に述べることを心がけました。

アラフォー世代は，社会では「大人」，職場では「ベテラン」とみなされ，日々さまざまな重圧を受けています。そのうえ，ビジネスでも社会的な活動でも，「英語くらいできなければ」と思わされることの多い世のなかです。本書の内容がそうした精神的な負担を少しでも軽くして，ムリなく英語の勉強を続ける手助けとなれば幸いです。

アラフォーから始める オトナの英語学習法◎もくじ

はじめに 1

▶Chapter 1 「**しない**」英語の考え方 ……………………… 11
～学習を始める前に～

- 1-1 完璧を求めない 12
- 1-2 高い目標を設定しない 18
- 1-3 年齢のせいにしない 25
- 1-4 「いつかは」と言わない 30
- 1-5 他人と比較しない 34
- 1-6 右肩上がりをめざさない 38
- 1-7 上達をあきらめない 43
- 1-8 「自分は英語嫌いだ」と思いこまない 46
- 1-9 「英語くらいできないと」と思わない 52
- 1-10 英語にこだわらない 56

▶Chapter 2 「**しない**」英語の取り組み方 ………………… 61
～学習法のポイント～

- 2-1 TOEICにこだわらない 62
- 2-2 学習法マニュアルを乱読しない 67
- 2-3 ムチャな時間割を組まない 70
- 2-4 ＩＴを過信しない 75
- 2-5 スキマをムダにしない 79
- 2-6 先に学習計画を立てない 82
- 2-7 一つのやり方に固執しない 86
- 2-8 楽しいことだけをしない 90
- 2-9 古典的な学習法をバカにしない 93
- 2-10 ピッタリのテキストを求めない 98

▶Chapter 3 　「**しない**」英語の習い方・・・・・・・・・・・・・・・・・・・・・103
　～スクール，レッスン，講師の選択～

- 3-1 　いきなりネイティブから習わない　104
- 3-2 　グループレッスンを受けない　108
- 3-3 　「自分に合う講師」を探さない　112
- 3-4 　大金をはたかない　118
- 3-5 　チケット制を選ばない　122
- 3-6 　カフェ英会話をしない　127
- 3-7 　英会話にこだわらない　131
- 3-8 　受講料を値切らない　135
- 3-9 　講師のせいにしない　140
- 3-10 「ネイティブ信仰」を持たない　145

▶Chapter 4 　「**しない**」英語の独学法・・・・・・・・・・・・・・・・・・・・・151
　～今日から始められる１人学習～

- 4-1 　発音をあきらめない　152
- 4-2 　文法を軽視しない　159
- 4-3 　単語集を使わない　164
- 4-4 　音読を過信しない　169
- 4-5 　「聞き流すだけ」を信じない　172
- 4-6 　「読み書きはできる」と思わない　177
- 4-7 　むずかしい英語を聞かない　182
- 4-8 　スラングを覚えない　185
- 4-9 　ムリして英語で考えない　190
- 4-10 忘れても腹を立てない　194

コラム 英語圏暮らし7年・アラフォー男の体験談
　①14億人の「自分の英語」　17
　②全力疾走は続かない　24
　③持ち歩くなら「紙1枚」　42
　④「中➡高ギャップ」がつまずきのもと　51
　⑤「もう一つの言語」をかじるメリット　60
　⑥あるレッスンプロの教え　117
　⑦発音軽視はダメだが，発音だけでもダメ　158
　⑧ロンドンにて，母に学ぶ　163
　⑨多言語の地・台湾の字幕事情　176
　⑩フィンランドの英語教育　181
　⑪アメリカのネイティブ・スピーカー　189
　⑫「英語脳」のしくみ？　193

付録1：迷わない！　教材選び　198
付録2：お金をかけない！　英語学習法　200
付録3：スキマ学習・レベル別シミュレーション　203
付録4：大人のためのオモテナシ英会話集　204

おわりに　211

アラフォーから始める
オトナの英語学習法

「しないほうがいい」40のこと

Chapter 1

「しない」英語の考え方

~学習を始める前に~

1-1　完璧を求めない

❖「聞き流すだけでペラペラに」はウソ！

だれしも，語学をやる以上，最終的には「母語なみにペラペラに話せるようになりたい！」と思うことでしょう。ネイティブと会話するにも，ビジネスレターを書くにも，カタコト英語ではカッコ悪いし恥ずかしい。自分の思っていることを正確に伝えて，しっかりコミュニケーションをとりたい。しかし，アラフォーのみなさんには，これはほぼ不可能と思っていただいたほうがいいです。

あたりまえですが，大半の日本人にとって，日本語が母語であり，英語などの外国語は「第二言語」と呼ばれます。母語はよほど特殊な環境にいないかぎり，基本的にはだれでも習得できます。読み書きは習わなければ身につきませんが，「聞く・話す」は自然にできるようになります。このような習熟のしかたを「自然習得」といいます。ある言語を学校などで体系的に学ぶのではなく，その言語が話されている地域のなかで暮らしながら，自然と身につけていくプロセスです。

それに対して第二言語は，あるていどの年齢以上になると，母語のような自然習得はまず期待できず，意図的に学習する必要があります。お気づきでしょうか。この時点で，昨今さかんに宣伝されている**「聞き流すだけで英語が身につく」といったたぐいの教材は，ほぼまやかしである**ことがわかります。「人は赤ちゃんのころから，お母さん・お父さんの話すのを聞いているうちに，自然と言葉を覚えてく。だから英語も同じようにすれば身につくはずだ」というのは，よくある誤解です。語彙や言語体系の知識がなければ，いくら聞いてもそれは永遠に雑音です。

かくいう私も，台北に住んで，日常的に中国語に触れていますが，知っている単語の数が少なすぎるため，テレビなどを見ていても音声はほとんど雑音と変わりません。ただ，台湾のテレビ番組の多くは字幕が出ますので，音声と文字を照合させて単語の知識を増やすことはできます。しかし，とうてい言葉の習得とまではいきません。第二言語は，母語と同じように考えることはできないのです。

私の英語も，19歳で渡米したころは惨憺たるものでしたが，その後勉強を重ね，ずいぶんレベルアップしました。それでも私の英語力は，母語である日本語の力を上回ることは永遠にないでしょう。TOEIC満点を獲ったこともありますが，日本語ほどに使いこなすことはできません。

❖これから「母語なみ」にするのは，はっきり言ってムリ

少々専門的な話になりますが，「第二言語習得」という学問があります。この分野では，これまで第二言語と年齢との相関関係を調べるさまざまな研究が行われてきました。そのなかで「臨界期」という概念が提唱されています。さきほど述べた，ある年齢を過ぎると第二言語を母語のように習得することが困難になるという仮説です。臨界期が何歳かについては，いまだ意見が分かれています。12歳前後という説もあれば，3〜5歳とする説もあります。

もしこの仮説が正しいとすれば，英語を母語である日本語なみに習得するには，中学校から学ぶのでは遅いということになります。新学習指導要領で，小学校5・6年生での「外国語活動」（じっさいはほぼすべての学校が英語を採用しているでしょう）が必修化されたのは2011年です。したがって，現時点で17歳以上の人の多くは，中学校

からしか英語を学んでいません。つまり臨界期説にしたがえば，アラフォー世代の方々が英語の能力を日本語と同レベルにするのは，そうとうむずかしいということになります。

　もちろん，一定の年齢を過ぎればいくら勉強しても意味がない，などといいたいわけではありません。要は「到達点をどこに見すえるか」です。「母語なみ」をめざそうとすると，いくら勉強しても理想のレベルに届かず，そのうち英語学習そのものがイヤになってしまいます。そもそもアラフォー世代の方々の多くは，英語からしばらく遠ざかっていたはず。単語の意味から文法まで，あれこれ忘れてしまっているでしょうから，復習だけでもたいへんです。まずは自分の英語力に完璧を求めることをやめましょう。**「母語なみ」はこのさいスッパリあきらめて，「それなり」くらいのレベルをめざす**のが継続のコツです。

❖「正確さ」へのこだわりを捨てよう！

　会話でも文書でも，場に即したぴったりの単語が正しく使えて，文法には一点の誤りもなく，発音はネイティブなみ——こんな**パーフェクトなレベルをめざせば，勉強がしんどくなるだけ**です。どうも日本人には，とかく「正確さ」へのこだわりを捨てられない人が多いようです。とくに文法や語法にかんして，この傾向が顕著に見られます。

　これには，「試験」偏重の風潮が多分に影響していると思われます。幼稚園から就職まで，日本人の人生は「試験」であふれています。合格のために求められるのは，ただひとつの「正解」です。まちがえれば，落ちる。受かりたければ，まちがってはいけない。幼いころから，そういう感覚を植えつけられて育ちます。そのせいで多くの人が，「不正確な言葉は通じない」と思いこんでいるのではないでしょうか。

日本人の英語学習者（初等から中等レベル）の一般的な特徴として，「話すのは苦手だが，書くのはまあまあ得意」という点が挙げられます。英文を書くさい，ほとんどの人は，「書きたい内容を日本語で思い浮かべる➡それを頭のなかで英訳しつつ，文法に従って語順を決めていく➡書いてみる➡必要に応じて，単語がまちがっていないかなどを辞書で確認し，仕上げる」というようなプロセスを踏んでいるはずです。試験でないかぎり，あるていど時間をかけられますから，文の構築にもチェックにもじっくり取り組むことができます。多くの日本人は，「正確さ」へのこだわりから，これを「話す」ときにもやろうとします。そして，自分のいいたいことをうまく英語のフレーズに訳せないと，言葉につまってしまうのです。こういう人はよく「英語がとっさに出てこなくて」と言います。それは，会話でも「書くときのプロセス」を踏襲しようとしているからだと思います。

❖ネイティブだって，けっこうテキトー

しかし，英語話者たちのじっさいの discourse（対話）を聞くと，書き言葉のように話す人は少ないことがわかります。

みなさん，中・高校の英語の授業で，「SVO」などで表される5つの文型を習ったと思います。第1文型から第5文型まですべてに共通するのが，最初にS（主語），その次にV（動詞）が配置されるという点です。これを叩きこまれた結果，英文はなにがなんでもSからスタートしなければならないと思った方も多いのではないでしょうか。でも現実には，話し言葉では「主語なし文」がけっこう使われています。false start という呼び名で，発話における文法逸脱現象のひとつとして容認されているのです。

また、S（主語）の後にくるV（動詞）には自動詞と他動詞があって、他動詞ならそのうしろに必ずその目的語Oを置かなければならない、と習ったことでしょう。しかしこれもじっさいの会話では、相手との共通認識があれば、Oが省略されることもままあります。

　こういう発話時の現象は、英語にかぎらずあらゆる言語で見られます。人どうしのコミュニケーションには、顔の表情や声音など、言語以外のさまざまな要素がからんできます。ときには、意識的な文法まちがいによって文意を強調することさえあります。つまり会話では、文の正確さよりも、文の意味やその表現法の強度が重視されるのです。意味がくみとれれば、細部の誤りは見すごされるわけです。

　私は仕事や交際で、日常的に英語を使っていますが、話しおわってから文法まちがいに気づくことがけっこうあります。たぶん、録音しておいてあとで書きおこせば、文法的な誤りがたくさん見つかるのではないかと思います。それでも、相手との意思疎通に支障をきたすことはほとんどありません。

　「話す」ことにいまひとつ自信が持てないという方は、まずは「正確さ」のヨロイを脱ぎすてることから始めてみましょう。ちょっとした会話だったら、単語を羅列するだけでもなんとかなります。単語が思いつかなければ、ジェスチャーや図解つきでもいいので、とにかく意思を伝える努力をしてみましょう。いくら正確さを志していても、黙ってしまっては何も伝わりません。ネイティブだって、日常会話ではテキトーなのです。はじめのうちは、**極端にいえば「文法無視」**くらいのつもりで話してみましょう。

　　　　　　　　　　👆**「完璧」と「正確」のヨロイを脱ぎすてよう！**

Chapter 1 「しない」英語の考え方

コラム▶▶▶英語圏暮らし7年・アラフォー男の体験談 ①

14億人の「自分の英語」

以前，ある論文のための調査の一環で，フィンランド人の英語教員に英語でインタビューをしたことがあります。

インタビュー中は，彼の話の内容をきちんと理解できていました。ところが，いざ録音を書きおこしてみると，彼の英語には主語や目的語の欠落をはじめ，文法的な誤りがかなりありました。彼の英語の会話力自体は非常に高く，ネイティブばりです。そのレベルの話者でも，「完璧な英語」を話しているわけではないのです。

英語はいまや地球語とも呼ばれ，全世界で17億人以上（全人口の約25%）が日常的に英語を使っているといわれます。ただ，このうち母語話者はわずか2割で，残りの8割（およそ14億人）は第二言語として英語を用いている人々です。

私がかつて暮らしたことのあるロンドンには，さまざまな人種・民族の人々が住み，それぞれ英語を媒介語として生活しています。「残りの8割」，つまり第二言語として英語を使っている人たちです。その多くが，母語の干渉を受けた英語，つまり「訛った英語」を話します。私も「日本語訛りの英語」を話していたことでしょう。これらは決して「完璧な英語」ではありません。それでもみんな堂々と「自分たちの英語」を話しています。知っているかぎりの単語を駆使して，ときにジェスチャーを交えながら，なんとかして自分の思いを伝えようと懸命です。この「伝えたい」という意思を示せば，たいていはなんとかなるものです。

のちに述べるように，文法を無視していいわけではありません。ただ，会話では完璧さや正確さを過度にめざす必要はないのです。

人種のるつぼ・ロンドンの街。
みな「自分たちの英語」を堂々と話している。

1-2　高い目標を設定しない

❖ごく一部の例外を除いて，英語は「サブ」のはず

　英語を学ぶ目的は，人それぞれです。海外出張・研修に備えてとか，昇進条件にTOEICのスコアが加わった，など仕事が理由の場合もあれば，旅行や純粋な向学心で始める人もいるでしょう。

　私がかつて教えていた生徒さんたちも，目的はさまざまでした。入学した生徒さんに，まず聞くようにしていたのは，目的よりもむしろ「目標」，つまり「どれくらいの期間で，どれくらいの英語力を身につけたいと思っているか？」でした。

　たとえば，TOEICで700点取れるようになりたいという人の場合，1か月で達成したいのか，10年かかってもいいのかによって，学習の密度や取り組み方が大きく違ってきます。私の経験では，この時期とレベルの目標設定が明確でない人が意外と多かったのです。

　その場合には，まず綿密なカウンセリングを行います。過去の英検やTOEICの点数を確認したり，受験したことがなければ簡単なテストをして，その人の現在のレベルを把握します。次に希望するレベルと，その人の生活パターン，1日にどれくらいの時間を英語学習に割けるかを聞きます。こうやって，現実的な目標をいっしょに立てていきました。

　もちろん，あえてハードルを高く設定したほうが，その人の潜在能力が開花し，思わぬ力を発揮するということもあるでしょう。ただし，それは取り組むものが，その人の生活のなかでメインである場合の話です。アラフォー世代にとってのメインは，ふつうは仕事や家事・子

育てなどであって，英語学習はサブ的なものであるはずです。大企業の社員で，こんど海外支社を任されることになり，会社から「3か月間休職して英語だけに専念せよ」と命じられた人なら別ですが，そういうケースはごくまれでしょう。

　アラフォー世代の多くは，1日の3分の1ないしそれ以上の時間をメインの活動に費やし，けんめいに働いたあとはかなり疲れているはずです。「もうすぐ月末だというのに，まだ売上目標に達していない」「今日中に企画書を出さないと」「納期が迫っている」「子どもが熱を出した」…アラフォーの日中は大忙しです。残りの時間（ふつうは夜間）を全力でサブ活動に取り組もうとすれば，体も精神力ももちません。結果，途中で投げだすことになりかねず，これでは挫折の元です。

　まじめな人ほど，あれもこれもすべてを全力でやろう，完璧にこなそうとしてしまいがちですが，それは無謀というものです。20代から30代前半までは多少のムリも利いたかもしれませんが，アラフォーに入ったら，まずは肩の力を抜いて，「**サブなんだから，ほどほどでいいんだ**」と観念してしまいましょう。

❖英語は1日30秒でもいい！

　そもそも，語学の習得には時間がかかるものです。アラフォー世代は学生時代と違い，自由に使える時間にかぎりがあるのですから，英語学習をあるていど長期的にとらえる必要があります。最初にハードルを高くしすぎて息切れしてしまっては，元も子もありません。

　またアラフォー世代は20代のころと比べ，仕事の責任が重く，範囲も広くなっているはずで，本業に支障をきたすほど英語に力を入れるのは得策ではありません。

まず意識のなかで優先すべきは、短期的な成果よりも「**継続**」です。仕事が忙しい時期、子どもに手がかかる時期、そんなときは、英語にかける時間は「**1日30秒**」でもいいのです。「30分」の書きまちがいではありません、「30秒」です。とくに、英語に苦手意識のある人は、まずこの「1日30秒」から始めてみてください。

　成果を急ぐあまり、TOEICの問題を「平日は10問、休みの日はフルセット（200問、所要時間約2時間）解くこと！」などと勇ましい目標を立てると、十中八九、挫折します。よほどのTOEIC猛者でもないかぎり、こんな無謀なプランでは、2日目で早くも問題集を開くことすらイヤになってしまうでしょう。これが「1日1問、30秒」でいいとなったらどうでしょう。気持ちが楽になって、「まあ、とにかくどんな問題か、見てみようか」と思えるのではないでしょうか。そうなればしめたものです。この時点で、あなたの英語学習はもう始まっているのですから。たとえば、**寝る前にTOEIC・Part2の問題を1問だけ解く**。答え合わせを含めても30秒ですみます。たったこれだけでも、学習時間が1日に少なくともゼロではなかったわけですから、寝るときに「あー、今日は英語、ぜんぜんやらなかったなぁ」などと罪悪感にかられずにすむでしょう。

　30秒でもやった日は、「仕事で疲れてるのに、よくやったな」と自分をほめてあげましょう。この「ちょっとでも、やったんだ」という意識が成功体験として積み重なっていくことで、学習意欲をそがれることなく、続けていけるのです。

　しかし、じっさいに始めてみるとわかりますが、この「30秒でいい」という決まりごとは、往々にして学習者みずからが良い意味で破ってしまうことになります。というのも、人間というのは、じっさいに取

り組みはじめると、好奇心・探求心が湧くものだからです。たとえばTOEIC・Part 2の1つの問題のなかに知らない語や表現があれば、意味を知りたくなって辞書を引いてみるものです。リスニングで聞き取れなかった箇所があれば、ついついもう一度聞いてみようとするものです。そうこうしているうちに、気がつけば5分、10分経っているかもしれません。30秒のつもりが、1か月後には30分やるのが習慣になっていた——これが、最初に敷居をうんと低くしておくことの効用なのです。

MEMO▶ TOEIC（Test of English for International Communication：国際コミュニケーション英語能力テスト）の出題内容について予備知識のない方のために、簡単にご説明しておきます。TOEICの問題は、4つのパートに分かれた「聞き取り」（リスニングセクション）と、3つのパートに分かれた「読解」（リーディングセクション）から構成されています（下表参照）。

聞き取り（リスニングセクション）計100問 所要時間45分	**Part 1**：写真描写問題…1枚の写真が提示される➡4つの英文が放送される➡そのなかから写真に合致する文を選ぶ（計10問⇒6問）。
	Part 2：応答問題…質問文が放送される➡それに対する応答文が3つ放送される➡そのなかから適切な応答文を選ぶ（計30問⇒25問）。
	Part 3：会話問題…2人の人物の会話を聞く➡問題用紙に記載された質問に対する適切な答えを4つの選択肢から選ぶ（計30問⇒39問）。
	Part 4：説明文問題…ナレーションを聞く➡問題用紙に記載された質問に対し、4つの選択肢からナレーションの内容に合う適切な答えを選ぶ（1つのナレーションにつき複数問、計30問）。
読解（リーディングセクション）計100問 所要時間75分	**Part 5**：短文穴埋め問題…短文の空欄にあてはまる適切な語句を、4つの選択肢から選ぶ（計40問⇒30問）。
	Part 6：長文穴埋め問題…長文（手紙など）の空欄にあてはまる適切な語句を、4つの選択肢から選ぶ（計12問⇒16問）。
	Part 7：読解問題…広告、手紙、新聞記事などの英文を読み、4択で問いに答える（読解すべき文書が1つ：28問、2つ：20問、計48問⇒文書が1つ：29問、複数：25問、計54問）。

※2016年5月29日実施の公開テスト（第210回）以降、**出題形式が一部変更されます**。「⇒」はそれによる問題数の増減を示したものです。ほかにも内容面で微細な変更がありますので、詳しくはTOEICの公式サイト（http://www.toeic.or.jp/info/2015/i025/i025_01.html）を参照してください。

❖ポイントは「細く長く」！

　というわけで、とにかく「1日30秒」からスタートしてみます。最初のうちはムリに時間を伸ばそうとせず、気長に続けていくうちに、「1日5分・週末30分」とか、「1日15分」など、自分の生活リズムに合った学習時間がわかってくるでしょう。

　そして、最初の「うんと低くした敷居」と同様に、最終的な目標も高く設定しすぎないこと、「短期決戦」を想定しないことが重要です。

　かりに、39歳のビジネスパーソンが、英語にやや苦手意識があるにもかかわらず、「半年間で必要なコツだけ急いで詰めこんで、TOEIC満点を取り、30代のうちにグローバル企業に転職したい！」と考えているとしたら、その達成スケジュールにはかなりムリがあることはおわかりいただけると思います。

　たとえば、現状でTOEICのスコアが500点に達していない人が、1か月後のテストで700点を獲るというのは、100％不可能とはいいませんが、そうとう高いハードルです。英語学習に割ける時間が1日に長くてせいぜい1時間ていどというビジネスパーソンには、正直、むずかしいでしょう。結果、目標を達成できず、モチベーションが下がってしまいかねません。

　こういう場合は、1か月後のテストではひとまず現状維持ができればよし、というくらいの気持ちで臨みましょう。それで1日1時間、忙しい日は30分ていど英語を勉強して、腕だめしていどのつもりでテストを受けます。もし前回とスコアが変わらなかった、あるいは下がってしまったとしても、「まあ、それほどガリガリ勉強しなかったから、しかたないか」ですみます。逆に10点でも前回よりアップし

ていれば,「よし,もうちょっとやってみよう!」と,やる気がさらに増すのではないでしょうか。

　英語にかぎらず,語学というものは一朝一夕には上達しません。ましてや忙しい日々を送るアラフォー世代にとっては,「細く長く」が継続の秘訣です。途中で挫折しないためにも,最初は**「ゆるすぎるかな?」くらいの目標とスケジュール**で始めましょう。短期決戦・追いこみ型の勉強は,あるていど実力がついてからやればいいのです。

☛ 寝る前にTOEIC・Part2を1問だけ!

コラム▶▶▶英語圏暮らし7年・アラフォー男の体験談 ②

全力疾走は続かない

　私はウォーキングが好きで、東京に住んでいたころは毎週日曜日になると皇居外周を歩くのを楽しみにしていました。ちょうどマラソンやジョギングが流行りはじめたころで、多くはジョガー（ジョギングをする人）でしたが、なかにはジョギングの域を超えて、必死の形相でダッシュしている人もいました。見ていて不思議に思ったものです——この人、仕事はしていないのかな？　と。

　私がジョギングやランニングではなく、ウォーキングを選んだのは、後者のほうが有酸素運動になるので脂肪燃焼効果が高く、かつ足や膝への負担が少ないため、過度な運動によって仕事に支障が出ることもないからです。

　長時間、力いっぱい走っている人を見ると、週末にあれだけ走れるということは、メインとサブが逆転しているのではないか、平日は仕事で手を抜いているのではないか——などと、あらぬ疑いすら抱いてしまいます。メインもサブも両方全力で取り組んでいるのかもしれませんが、それではいずれ肉体的にも精神的にも限界が来るはずです。

　ジョガーのなかには、市民マラソン大会などでの入賞をめざし、「皇居1周を何分以内で走る」といった目標を設定している人もいることでしょう。しかし、プロやセミプロはともかく、健康のために走る人、趣味で走る人が、必ずしもそこまでしなくてもいいのではないでしょうか。

　本編で述べたように、メインの活動では潜在能力を開花させる目的で、目標を若干高めに設定したほうがよいこともあるでしょう。しかし、サブの活動ではむしろその逆に、自分でも「低すぎるかな？」と思うくらいの目標にしておくほうが、継続という意味ではいいのではないかと思います。

　二兎を追う者は一兎をも得ず、ではないですが、「メインもサブも」と欲ばって、両方とも全力で取り組むと、息切れしてサブが挫折するか、サブに熱中するあまりメインが犠牲になってしまうか、いずれにしろ良い結果にはならない気がします。「仕事か英語か」という不毛な二者択一に自分を追いこむことなく、「仕事はこれまで通りがんばる。空き時間をうまく使って、英語を地道にやっていこう」というのが、アラフォー世代の正しい英語の学び方だと思うのです。

1-3　年齢のせいにしない

❖学生時代と比べない

　アラフォー世代の方々が，思うように学習がはかどらないときに口にする言い訳の代表格が，「忙しい」と「歳だ」の二つです。私も英語講師時代，この二つをよく耳にしました。

　たしかにアラフォー世代の生活は，仕事に家事にと，とかく忙しいもの。その合間を縫って英語を学ぼうという意欲を持つだけでもたいへんなことです。しかし，いくら忙しいといっても，1日30秒くらいは時間を作れるはずです。もしわずか30秒の自由時間もないとすれば，英語云々の前に過労を心配すべきかもしれません。

　次に，学習効率が上がらない原因を年齢に求めるのは，おそらく学生時代の自分といまの自分を比較してのことでしょう。「学生のころはスポンジのように吸収できたが，いまはそうはいかない」というわけです。でも，これはまちがいです。10〜20代の学生時代と40歳前後の現在とで学習効率に差が生じるのは，年齢のせいではなく，学習にかける時間の差と考えるのが妥当です。勉強に専念できた学生時代と異なり，いまは仕事や家庭がメインで，英語学習はあくまでもサブの位置づけです。勉強の絶対量が大きく違うのですから，進捗スピードに差が出るのは当然です。

　また，「歳をとるごとにもの覚えが悪くなる」という通説も，英語学習の場合にはあまり気にしすぎないほうがよいでしょう。たとえば10個の単語を覚えるのに，中学生のころは1時間でできた人が，アラフォーのいまは倍の2時間かかるというケースを考えてみましょう。この場合，単語数だけでなく，語彙の難易度も考慮しなければ，正し

い比較はできません。中学1年生で習うhave, go, eatなどの頻出生活語彙と，TOEICで問われるような語彙とでは，難易度に差があります。後者のほうが使用頻度が低く，難易度が高いので，習熟に時間がかかるのは当然なのです。

「学生時代と同じように専念できない，覚えられない」と思ってしまうと，英語がイヤになってしまいます。「あのころよりもむずかしいことをやってるんだから，サクサク進まなくて当然だ」くらいの気持ちで，地道に取り組むのが継続の秘訣です。

❖ 年齢に応じたやり方がある

第二言語習得の分野では，脳の働きと年齢の相関性をふまえた多くの研究があります。それらの論文を読むと，加齢が必ずしも外国語習得の阻害要因とはならないことがわかります。たとえば語法を学ぶさい，事前に理論的な説明を十分に受けてから学習にとりかかると，10代と大人とで習熟度に大きな差は出ないという研究もあります。

心理学では，知能を「流動性知能」と「結晶性知能」の二種類に分けて考えることがあります。「流動性知能」とは，暗記力や計算力，集中力など，新しいことを学ぶのに必要な能力で，幼児期から伸びはじめ，18～25歳くらいでピークを迎えるようです。一方「結晶性知能」とは，学校や社会で得た知識や判断力，理解力などが総合されたもので，そのピークを60歳代とする研究もあります。前者は30代から下降線をたどりますが，後者は逆に30代以降に伸びざかりを迎え，歳をとっても努力しだいで厚くしていける力です。

アラフォー世代は，単語や例文の丸暗記では，理屈抜きに覚える能力にたけている中・高校生にかなわないかもしれません。しかし，ア

ラフォーは大人ならではの経験知や論理的思考，解釈能力によって，自分で文脈的な補助をつけて覚えることができます。たとえば，scheme（計画，事業案，仕組み，体系）という単語です。中・高生のころは抽象的にしかわからなかったのが，社会に出てからは「事業スキーム」など，カタカナ語としてしょっちゅう目にするようになり，語の意味がリアルに感じられるようになったのではないでしょうか。つまり scheme という語の把握にかんしては，13 歳のときのあなたよりも，大人になってからのあなたのほうが，経験知があるぶん有利といえるのです。逆に，たとえば関係代名詞のルールを，3 歳児にいくらやさしく説明しても，大人のようには理解できません。

　発音も，一般的には子どものほうが大人より習熟しやすいといわれますが，これもやり方しだいです。子どもは耳で聞いたままを口で反復する覚え方（自然習得）が得意ですが，大人になるとこれが苦手になります。それまでの人生で，大量の音のデータが耳から頭に入って記憶として蓄積されているため，それがじゃまをして「聞いたままを口にする」のがむずかしくなるのかもしれません。しかし，口の開けぐあいや舌の位置など，特定の音と人体（口蓋部）の構造との関連を理解してから練習すれば，大人でも正しい発音を身につけられます。第二言語習得の研究例でもそれを実証する結果が出ていますし，私が教えたアラフォーの生徒さんのなかにも，このやり方で一定以上の成果を上げた方がいます。

　つまり，**加齢とともに知能の質が変わる**のに即して学習法を変えれば，習熟の度合いはアップするはずです。

❖アラフォーならではの学習法

「始めるのが早ければ早いほどよい」というのは，あくまでも自然習得の話です。たしかに英語圏で生活しながら英語を習得するには，流動的知能の発達がさかんな幼少期のほうが有利です。

しかし，日本で暮らすアラフォー世代が英語を外国語として体系的に学びなおす場合には，開始時期はほとんど問題になりません。重要なのは，語学習得に結晶性知能をいかに活かすかです。結晶性知能は，使えば使うほど厚みを増すものなので，**毎日少しずつやる**のがポイントです。アラフォー世代の場合，「英語の勉強は週1回・1時間だけ」というのでは，大きな成果は期待できません。1日30秒から始めて，5分でも10分でもいいから毎日英語を勉強したほうが，結晶性知能の特長を活かせるぶん，習熟が早まります。

また，意欲をいかに維持するかも，学習成果に大きな影響を与えます。試験のためにイヤイヤ英語を勉強していた学生時代には，学習の目的が「試験にパスすること」だけだったので，試験が終われば覚えたことをあっというまに忘れてしまった…そんな人も多いのではないでしょうか。試験に向けて表面的な知識を増やしただけで，スキルとして体得されていなかったわけです。

一方，40歳前後で英語を学びなおそうという人の多くは，仕事や趣味など具体的な目的があります。しかも，年齢的にも社会的ポジションの面でも，「これからいくらでも時間がある」というわけではありません。「是が非でも，いついつまでに，このくらい使えるようにならなければ，絶好のチャンスを逃す」というように，かなり明確な目的をお持ちのはずです。ですから，「モチベーションが上がらない」などとこぼしている暇はなく，いわば「**目的＝モチベーション**」なわ

けです。アラフォー世代はこのように，英語学習の目的と意欲が自然と連動します。「商談で，英語で交渉ができる自分」「英語で自己主張ができる自分」の姿をイメージできれば，モチベーションはおのずと上がります。

　しかもアラフォーは，大人ならではの結晶性知能を英語学習に活かすことができます。ビジネスシーンで得た知見と英語学習を結びつけながら学ぶことで，一過性でない語学の知識をたくわえることが可能なのです。

　そして忙しいアラフォーは，時間の貴重さをよく知っています。長時間ダラダラやるよりも，短時間でも密度の濃い学習を心がけます。詰めこみ方式に丸覚えするのではなく，知識を仕事や生活と結びつけて人生に活かそうとします。こうした学び方を継続できれば，学生時代よりも高い学習成果を上げられる可能性さえあるのです。

☛ **アラフォーだからこそできるやり方を！**

1-4　「いつかは」と言わない

❖若いころとは時間の重みが違う

　いま本書をお読みのアラフォー世代のあなたは，これから英語学習を始めようと考えているか，あるいはすでに始めているけれど，もっとよい勉強法を模索中かのいずれかであろうと推測します。

　前者，つまりこれから英語を始めようと考えている方は，意欲が高まっているいまが好機です。今日からすぐに学習を始めましょう。ちょっと古いですが，「いつやるの？　今でしょ！」です。

　30代後半以降は，10代，20代のときとは時間の貴重さの感じ方に違いがあります。若いころを振り返って，なんてもったいない時間の使い方をしていたことか，と悔やむ方も多いのではないでしょうか。

　私は19〜23歳の4年間をアメリカで過ごしたのですが，その間，ナイアガラの滝やグランドキャニオンなど，一度も訪れなかった観光名所がかなりあります。4年も住んでいてなぜ行かなかったのか，ずいぶんもったいないことをしたと，いまになって悔やんでいます。あのころはまだ若く，時間が無限にあるような錯覚を抱いていたのかもしれません。「いつでも行ける」「いつかは行こう」と思っているうちに，機を逸してしまったのです。

　20年前にアメリカを離れて以来，二度ほど仕事で訪れましたが，結局ナイアガラの滝にもグランドキャニオンにも行かずじまいです。おそらく，これらの観光名所に対する私の気持ちは，「どうしても行きたいのに行けない」ではなく，「いつでも行ける＝いま行かなくてもいい」というものだったのでしょう。

　英語への気持ちや意欲も，「どうしても学びたい」のであれば，「い

つかはやろう」ではなく、「いますぐに始めるぞ」という覚悟が必要です。まして、ことが観光なら人生はそれほど大きくは変わりませんが、英語はいま学ぶことで人生を左右するかもしれない一大事です。

それに、気持ちや意欲はつねに一定ではありません。いまやりたいと思っている気持ちが、来年も同じように維持されている保証はどこにもないのです。**アラフォー世代の英語学習に、「いつかは」の意識は禁物**です。

❖ セカンドチャンスはない

私は40歳になってから、「人生にセカンドチャンスはない。ワンチャンスをものにする」ということを肝に銘じています。20代のころのように「いつかは」と言っていては、やりたいことがいつまでも実現できず、いずれ先送りしたことを後悔する。そういう事態をできるだけ減らしたいと思っています。

私は40歳のとき、それまで12年間経営してきた語学教室を廃業し、イギリスの大学院に留学しました。語学の教授法についてもっと深く学ぶという夢に賭けたのです。収入源も将来の保障も捨てて退路を断ちました。それが正しかったかどうかはわかりませんが、少なくともいまの私に後悔はありません。ただ一つ言えることは、40代にさしかかったら、タイミングと環境が揃ったときを逃さず、ワンチャンスに賭けるべきだということです。

かりにあなたが、本書を読みおわったあとでほかのことに気をとられ、英語学習の開始を先送りしたとします。そのまま1年が過ぎ、英語への意欲が薄らいでしまったころ、会社でニューヨーク支店開設の話が浮上するかもしれません。あいかわらず英語に習熟していないあ

なたは，転勤の候補にすら挙がらず，気落ちします。そのときになって，1年前に「いつかは」と思ったことを後悔しても遅いのです。アラフォー世代は，セカンドチャンスなどないと思っていたほうがいいでしょう。

❖あこがれの対象を力試しに使う

　次に，すでに英語の勉強を始めているが，もっとよいやり方があるのではないかと考えている方も，「いつかは」の意識を捨てて下さい。

　私が語学教室で教えていた生徒さんのなかにも，「いつかは英字新聞を辞書なしで読めるようになりたい」，「いつかはTOEICを受験したい」，「いつかは映画を字幕なしで見られるようになりたい」といった希望を口にする方がいました。そういう人には，「いつかは」と言わず，一度じっさいにやってみることを勧めます。**いますぐ英字新聞を辞書なしで読んでみる，次のTOEICを受けてみる，字幕スーパーをオフにして映画を見てみる**のです。すると，自分がいまどの位置にいて，ゴールまでの距離がどれぐらいかを把握することができます。

　英字新聞を例にとれば，最初に取り組んだ記事で，早くもわからない単語に次々とぶつかるでしょう。そこから，自分がどれぐらい語彙力を伸ばさなければならないかがわかり，学習計画も立てやすくなります。

　おおよそのめやすとして，英字新聞を辞書なしで読めるようになるには，最低でも英検準1級ていどの語彙力が必要です。かりにあなたが辞書なしで英字新聞を読んでみたところ，わからない単語のほうが多く，記事の内容が2,3割しか理解できなかったとします。そのような場合，まずは英検2級レベルの語彙力をつけることをめざします。

2級レベルの長文をたくさん読んで，未知の単語を一つ一つつぶしていきます。2級の長文が辞書なしで読めるようになった段階で，次のステップ，つまり準1級の内容に進みます。つまり，「あこがれの英字新聞」を力試しに使って，**めざすレベルを明確化し，その一つ下のレベルから着手する**，という段取りです。

英語に苦手意識のある方の多くは，「いまの自分の実力では，英字新聞を辞書なしで読むなんてとうていムリ。十分に実力をつけて，いつかはきっと」と考えているでしょう。しかし，発想を逆にしてください。まずは，「あこがれの〇〇」にトライしてみてください。そしてその結果から，どれぐらいの実力をつける必要があるかを見きわめてください。

力試しをせずにやみくもに学習するのは，ゴルフで言えば，ホールの位置を知らずに球を打つようなものです。ホールの位置を把握しているからこそ，距離，方向，風向きと自分の実力（飛距離など）を総合的に判断し，適したクラブを選択し，力を加減して打つことができるというものです。

本書を読みおえたあと，余計なことは考えず，新聞，映画，音楽，小説など，「あこがれの英語」にすぐにとりかかってみましょう。アラフォーの英語学習は，「**自分がどれぐらいできないか**」を知ることから始まります。

> ♠ 「いつかは」を「いますぐ」に転換しよう！

1-5　他人と比較しない

❖比べるなら他人ではなく，過去の自分と

　日本では1970年代，高度経済成長期の終わりごろから「受験戦争」が過熱化しはじめました。現在のアラフォー世代が高校生だった90年代も，いわゆる学歴信仰は若干薄れていたとはいえ，受験の厳しさは変わりません。つらい受験勉強に耐えて大人になったという方も少なくないでしょう。大学入試では点数や偏差値のかたちで学習の成果が明確に数値化されますので，他人と自分の成績を比較せずにはいられなかったことと思います。

　しかし，勉強とはそもそも自分の知的好奇心，知りたいという欲求からスタートするものであり，他人との比較は意味がないはずです。学生時代は試験や受験のシステム上，やむをえない部分もあったかと思いますが，大人の勉強はそのような枠にとらわれるものではありません。あくまでも自分自身の素直な欲求に従えばいいのです。

　もちろん，純粋な知的好奇心や向学心だけではなく，「英語で会話できるようになりたい」とか「英語力を伸ばして海外のクライアントを増やしたい」など，実践的な欲求から発する場合もあるでしょう。いずれの場合も，他人と自分の英語力を比較して一喜一憂するのは無意味です。社内にライバルがいて，出世競争をしているとしても，その人と自分の英語力を比べて落ちこんだり喜んだりするのは，学習のさまたげになりこそすれ，あなたにとってプラスにはなりません。

　最近は企業単位のTOEIC受験も行われており，同僚たちのスコアが気になってしまうこともあるでしょう。しかし，TOEICのスコアを気にするなら，他人との比較ではなく，自分の過去のスコアと比べてど

のていど伸びたか（下がったか）を気にすべきです。

❖きっかけは比較でも，学ぶ喜びに気づくこともある

　もちろん，競争心が英語学習のきっかけとなるケースもあります。現に，私が語学教室で教えた生徒さんにもそういう人がいました。

　その人はある企業に勤めており，英語力不足が原因で出世コースから外れてしまったことをとても悔しがっていました。「英語さえできれば，ライバルに勝てたはずだ」と，熱意に満ちて英語学習をスタートしました。謙虚でまじめな方で，忙しいなかを時間をやりくりして，こつこつ勉強を続けておられました。何度かTOEICを受験し，少しずつながらスコアも伸びました。約1年後，転勤で退校されることになり，最後に「学生時代，あれだけ苦手で嫌いだった英語が好きになった」と言ってくれました。講師冥利に尽きる言葉です。

　最初のうちは彼も，「むずかしいですねえ」とぼやくこともありましたが，勉強を続けるうちに，しだいに知識が増える喜びが勝っていったようです。やがて，英語学習を始めるきっかけとなったライバルへの競争心は，彼の意識から消えていきました。純粋に英語を学びたいから学ぶという姿勢に変わっていくのが，教える側にもわかりました。その後の彼が，出世競争に打ち勝ったかどうかはわかりません。私としては，とにかく好きになった英語を続けていてくれればと願っています。

　目的やゴールはどうあれ，英語が「苦手で嫌い」なままなら，しょせん長続きはしません。**苦手意識を克服し，英語を学ぶ喜びを感じること**。このほうが，他人との比較よりもずっと大切なことなのです。

❖英語力の比較はむずかしい

 そもそも、英語力の比較は決して容易ではありません。「TOEICのスコアを比べれば一発じゃないか」と思う方もいるかもしれませんが、さにあらずです。たとえばAさんが600点で、Bさんが700点だとしましょう。これをもって、「Bさんのほうが英語力が上だ」と単純に言えるでしょうか。

 じつはそもそも、TOEICの設問だけでコミュニケーションの力を測ることには、かなりムリがあります。p.21の表にあるように、TOEICの設問は「聞き取り」と「読み取り」だけであり、「話す力」と「書く力」は試されません。つまりTOEICとは、聞き取り・読み取りのレベルだけをもって、「英語のコミュニケーション能力」を測るテストなのです。

 それに、コミュニケーションの力を数値化するということ自体、よく考えれば奇妙な感じがします。コミュニケーション、つまり他者とのやりとりのなかでは、発話の内容だけでなく表情や声音など、さまざまな要素が作用します。文法的に正しい英文を無表情でボソボソ話すよりも、表情豊かにはきはきと単語を羅列するほうが、言いたいことが伝わりやすいということだってありえます。どちらがコミュニケーションとしてすぐれているかは、一概には言えないはずです。

 かつての私の生徒さんにも、TOEIC初受験で800点台後半をマークしたのに、スピーキングが苦手という人がいました。その人の話では、自分よりTOEICのスコアは低くても、海外営業の経験の長い同僚のほうが、会話は断然得意だそうです。英語で仕事をする経験値が、コミュニケーション力を高めているということでしょう。

 TOEFLやIELTSなど、スピーキングやライティングを含む試験もあ

りますが，これらも能力の測定法に疑問がないわけではありません。発話や文章の評価にあたって，試験官の主観を完全に取り除くことはほぼ不可能だからです。

　他人との比較で意味があるとすれば，テストのスコアではなく，学習の進め方や時間のやりくりのしかたなどでしょう。同僚や友人の方法を聞いて，「なるほど，そのほうが効率的だ」と感心し，刺激を受けるのは学習にプラスです。

　TOEICにせよ，TOEFLにせよ，IELTSにせよ，**テストのスコアは英語学習の最終目的ではありません。**これについては，Chapter 2で詳しく述べます。

☛TOEICのスコアだけで英語力は測れない！

1-6　右肩上がりをめざさない

❖「踊り場」に立っても気落ちしない

　語学習得において、一直線の右肩上がりというのはほとんどありえません。だれでもほぼ必ず「**踊り場**」、つまりいくらやっても伸びを実感できない時期を経験します。しかし、「踊り場」の時期でも、じつはまったく伸びていないわけではなく、知っている単語や理解できる構文の数は確実に増えているはずです。

　「踊り場」は、個人差はありますが、学習を始めて半年ほどで訪れることが多いようです。そんなときは、最初に使った教材の冒頭のページを開いて、出てくる単語の意味が辞書なしにわかるかどうか、チェックしてみてください。意味を即答できる語の数が、半年前よりは増えていませんか。逆に意味を忘れてしまった単語もあるかもしれませんが、おそらくトータルでは制覇した語のほうが多いはずです。

　英語にかぎらず、語学は一挙には上達しません。「踊り場」はいわば、焦る気持ちの表れにすぎませんから、気落ちすることなく学習を続けてください。

❖「スキマ時間」をフル活用する

　先述のように、私もいま、中国語の学習を毎日少しずつ続けています。私の場合、会社勤めではないので、1日のスケジュールは自分の裁量しだいですから、中国語学習の時間を大幅に増やすことも可能です。しかし、それはあえてしないことにしています。

　中国語の時間を増やせば、当然ほかの何かが犠牲になります。仕事の時間を削れば生産性が下がります。プライベートの時間を削れば、

人づきあいや読書の時間が減ります。いずれも私にとって大事な時間であり，犠牲にすれば生活のバランスが崩れてしまう恐れがあります。中国語に習熟したいのはやまやまですが，メインを犠牲にしてまで学習に打ちこむことはできません。

　くりかえしになりますが，アラフォーの語学は，メインを犠牲にせずに，学習時間を日々のスケジュールにうまく組みこむのが長続きのコツです。たとえば私の場合，ふだんは朝7時から午後4時までは仕事をし，午後6時以降を交際や趣味などプライベートな活動にあてています。そして仕事とプライベートのスキマ，つまり午後4時～6時の2時間を中国語学習に割いているのです。

　日によっては，このスキマ時間が移動や買い物に費やされることもありますので，毎日まる2時間を必ず中国語学習にあてられるというわけではありません。平均すると**正味30分～1時間**ていどでしょう。週末は多少長めに勉強することもありますが，それでも2時間を大幅に超えることはありません。週末は週末で，遠出をしたり，友人と会うなど，ふだんできないことをやりたいからです。

❖「ゼロの日」をつくらない

　そして，もう一つ重要なのが，**サブだからといって日課を削らない**ということです。私は，いくら仕事やプライベートが忙しくても，「今日は中国語はやらなくていいや」という日がないように心がけています。たとえ結果的に5分，10分になってしまっても，ゼロには決してしないことが大切です。

　日課というものは，1日でも穴をあけてしまうと，なし崩し的に消えてしまうことだってあります。もちろん，のっぴきならない事情で

「今日はまったく勉強できなかった」という日が出てしまうこともあるでしょう。そんなときは，翌日に「スキマ時間」を2クールつくって，前日のぶんを挽回するという手もあります。うまくやりくりして，**「毎日続けている」という感覚**を積み重ねるようにしましょう。

また，語学の勉強は，机に向かっていなくてもできます。スマホをお持ちの方なら，外にいてもいろいろやりようがあります。たとえば街を歩いていて，目に入った看板に書かれた知らない単語を辞書アプリで調べる。あるいは駅のプラットホームで電車を待つ間，気になっていたカタカナ語のつづりを確認する。通勤の車内でリスニングをやる，などです（ただし，歩きながらスマホを操作するのは危険ですので，くれぐれも立ち止まってからにしてください！）。スマホは，アラフォー世代の「スキマ学習」に最適のツールと言えます。

❖期待値を下げておく

仕事・家庭・趣味に忙しいアラフォー世代にとって，「スキマ学習」は，わざわざ述べる必要もないほど必然的な方法かもしれません。そして，酷な話ではありますが，日に15分とか30分，長くても2時間ていどの学習量では，短期間で大きな伸びを期待することはできません。記憶のシステム上，覚えたことは使わなければ次々と忘れていきますので，やったぶんだけ確実に身になるというわけでもありません。覚えては忘れ，忘れては覚えなおし，のくりかえしですから，英語力が右肩上がりに伸びていくなどということはありえませんし，めざす必要もありません。

「やっただけ伸びなければ損だ」という欲得ずくの考えでいると，「こないだやったのに，もう忘れている！」などと自分に腹を立て，

エネルギーを浪費することになります。あげくのはてに,「自分には語学のセンスがないんだ」などと勝手に決めつけ,ギブアップしてしまう人もいます。

　語学はセンスなどではなく,継続的な学習によって身につくものです。前述のように,やってもやっても伸びないと感じる「踊り場」の時期もありますが,こつこつ続けていればいずれ乗り越えられます。「踊り場」に至ったときにムダに落ちこんだり,あきらめたりしないためにも,**自分への期待値は少し低めに設定しておきましょう**。英語学習は,長い長い階段のようなものです。「まだ○階か〜」「あと○段もある〜」と嘆いてばかりいても,上階には到達できません。1階にいるときは2階,2階に上がったら3階をめざすというつもりで続けているうちに,いつのまにか最上階に達していた,というぐらいのイメージでやりましょう。

👍 **「スキマ学習」を生活にうまく組みこもう！**

コラム ▶▶▶ 英語圏暮らし7年・アラフォー男の体験談 ③

持ち歩くなら「紙1枚」

　大人の英語学習では、「おっくうさ」をいかにとりのぞくかが何より重要です。

　英語を学ぶ意思はあるが、いざ本を前にしても、ページを開くのがなぜかおっくう。まるでその上に見えない重石でも置かれているかのごとく、指が動かない…。

　通勤の電車のなかでやるつもりで、かばんに英語の本をいつも入れていたが、結局一度も開かずじまいだった——入学時のカウンセリングで、それまでの英語学習について尋ねると、こういう話をされる生徒さんがけっこういたものです。

　こうした「おっくうさ」は、かなりの部分、英語学習への敷居を自ら高くしてしまうことで生じます。ひさびさに英語に取り組むアラフォーとしては、1冊の本と格闘する前に、「慣れ」の期間を置いたほうがよいでしょう。それに 1-4 で述べたように、「かばんに入れておけば、いつでも読めるから」は、裏を返せば「いますぐ読まなくてもいい」に等しいのです。

　まずは、重たい本を持ち歩くのをやめてみましょう。そして、学習開始からしばらくの間は、「見開きコピーで勉強する」ようにします。前日のうちに、本のなかから見開き 2 ページを選んで、1 枚の用紙にコピーをとっておきます。A5 サイズの本なら A4 用紙 1 枚に 2 ページが収まります。1 枚の紙っぺらですから、かばんに入れてもかさばりませんし、電車のなかで開くのにも便利です。しかも、その日にやるべき範囲が明確ですから、1 冊まるごとよりもずっと取り組みやすいはずです。

　電子書籍でも事情は変わりません。デジタル・テクノロジーが「おっくうさ」を解消してくれるわけではないからです。見開き 2 ページを物理的にとりだして意識化できるという点では、むしろ紙のほうがすぐれているかもしれません。

書店に山積みされた英語教材の数々。
この「教材洪水」が、学習を始めようとする人をとまどわせる。
教材の選び方については、2-10 を参照。

1-7 上達をあきらめない

❖英単語は「2日で3個」のつもりで

　忙しいアラフォー世代が1日にとれる英語学習の時間は，ムリのないところで15〜30分，長くてもせいぜい1時間ていどというのが現実的なところでしょう。それ以上やろうとすると，人によっては英語学習そのものがストレスになってしまいます。先に述べたように，メインを犠牲にしない「スキマ学習」をおすすめします。

　ただそうなると，どうしても習熟の速度は遅くなります。典型的なのが英単語の暗記です。40歳前後ともなれば，かりに1日に10個の単語を覚えたとして，そのうちの8個は翌日には忘れてしまうかもしれません。この日，前日の復習はしないで，新たに10個の単語を暗記します。その翌日，また10個のうち8個を忘れます。ついでに前々日の単語を復習してみたら，10個のうち9個を忘れていた（覚えたはずの2個のうち，1個を忘れた）とします。これで，2日間で通算20個の単語にチャレンジし，うち17個を忘れたことになります。しかしひるがえせば，2日で3個の単語を覚えた計算になります。

　語彙力が右肩上がりに上がることはありませんが，少なくともやる前と比べたら，知っている単語が3個増えたことになります。「2日でたった3個しか覚えられない」と嘆くのではなく，「たった2日で3個も増えた」と考える。この発想の転換が重要です。これは単語の暗記だけでなく，アラフォー世代の英語学習全体に言えることです。

　それに，脳の記憶システム上，知識は使えば使うほど定着しやすくなります。毎日少しずつでも学習を続けることで，定着度を上げましょう。英語学習では，「**2日で3個**」の積み重ねが大事なのです。

❖中学レベルからでも十分可能

　私が教えていたアラフォー世代の生徒さんのなかには，TOEICのスコアを10点，20点単位でじりじり伸ばした人や，英検に何度も挑戦し，最終的に準1級や1級に合格した人がいます。こうした方々が私に，「継続は力なり」を身をもって示してくださいました。

　英検（実用英語技能検定）は，高校や大学・大学院の入試や単位取得で級が考慮されることがあるため，学生向けの検定という印象が強いかもしれません。たしかに2級まではそう言えますが，準1級，1級となると，受験者は大人（中高年）のほうが多くなります。準1級，1級は難易度が高く，合格できる英語力は一朝一夕には身につきません。忙しいアラフォー世代が合格するには，かなり地道な努力が必要です。しかしひるがえせば，仕事をしながら英検準1級や1級を取得したアラフォーたちの存在は，スキマ学習でも英語はちゃんと上達するということを証明しています。

　英検準1級，1級というと，敷居が高く感じるかもしれません。しかし，何より重要なのはスタート地点の問題です。私の生徒さんでも，中学英語からやりなおして徐々に英語力を向上させたアラフォーの方がいます。英語をやるのは大学以来とのことで，まず語彙や文法など中学英語の基礎を一通りやりなおした後，中卒レベルに相当する英検3級に合格しました。その後，さらにコツコツ勉強を続け，最後には準2級（高校中盤レベル）と2級（高校卒業レベル）に合格されました。

　中学英語からのスタートであっても，レベルアップは十分に可能です。アラフォーだからといって，「始めるのが遅すぎた」ということ

は決してないのです。

❖英検は実力チェックに適している

　もちろん、アラフォー世代の英語学習の目標は、単に英検に受かることではないでしょう。ビジネスなどの場で英語を実践的に使えるようになることが最終目標で、英検や TOEIC などの試験はそのための手段にすぎません。英語の能力を客観的基準で評価してもらい、勉強の成果を測り、今後の学習に活かすのが試験の目的です。

　いわば、合否やスコアアップをめざして勉強するのではなく、ふだんの勉強が正しい方向を向いているかどうかを定期的にチェックするわけです。その点で英検は、一次試験の筆記とリスニング、二次試験の面接を通じて、**「読む・書く・聞く・話す」**の 4 つの技能を総合的に評価しますので、腕試しに適しています。

　私も講師時代、英検をめざす生徒さんに対しては、知識のインプットだけでなく、アウトプットの力もつけられるよう配慮していました。面接対策としてスピーキングの練習もしました。最初は英語での問いかけに対し、言葉がまったく出てこなかったアラフォーの人が、ねばり強く練習していくうちに、しだいにスムーズに話せるようになった例もあります。その方は、「あの人がここまで話せるようになったのか」というくらい初発のレベルは低く、まさに努力のたまものです。

　このように、日本人が最も苦手とされるスピーキングにおいても、アラフォーから始めて上達する可能性は確実にあります。

　　　　　　　　　　　　👆忘れても、上達が遅くても、気にしない！

1-8 「自分は英語嫌いだ」と思いこまない

❖「味覚」は変わる

　私は子どものころからナスが大嫌いで、大人になってからも家での食事はもちろん、外食でも絶対にナスを食べませんでした。ところがある日、目上の方に食事をごちそうになったとき、ナスの田楽が出てきました。礼儀上、箸をつけないわけにはいかず、内心イヤイヤながら口にしたところ、意外にもおいしかったのです。以来、ナス嫌いは解消されました。あれほど嫌いだったのに、と自分でもびっくりです。

　多くの場合、味覚は歳を重ねるごとに変わっていきます。子どものころの食わず嫌いが、大人になっていつのまにか消えていた、という方も多いのではないでしょうか。

　勉強にも同じことが言えるかもしれません。学生のころは「やらされている感」が強く、英語の勉強が嫌いだったけれども、大人になってから自分の意思で学んだら好きになった、というケースはままあると思われます。

　私が経営していた語学教室でも、入学時のカウンセリングで「学生時代は英語が苦手で、嫌いだった」と語る人がほとんどでした。「英語が好きだった」という人は、ごく少数派です。そういう英語嫌いの生徒さんたちが、退校時には「英語が好きになりました！」と言ってくれるのが、講師として最大の喜びでした。

　私自身、高校で大の英語嫌いになりました。英語を習いはじめた小学生時代は、すべてが新鮮で、試験を意識する必要もなく、学ぶ喜びに溢れていました。それが高校に入って突然嫌いになってしまったのは、つまるところ受験に追いつめられた結果でしょう。英語を学ぶ唯

一の目的が受験であるかのように感じ，楽しくなくなってしまったのです。

　私のナスの話と違って，英語嫌いが英語好きになるには，自然や偶然にまかせているだけではムリです。まずは，自分がなぜ英語嫌いになったのかを直視する必要があります。

❖「英語アレルギー」の正体

　中学・高校で「**英語アレルギー**」を発症してしまう主な要因は，大学を到達点とする日本の教育システムそのものにあります。現在の日本の中・高校課程は，大学に進学するための「附属機関」と化してしまっています。そこでは，建前はどうあれ，中・高での教育は大学受験を到達点として行われるべきだという圧力が働いています。現在の大学進学率はおよそ5割強ですから，全員が入試対策を必要としているわけではありません。しかし「学歴信仰」が根っこのところに残っているせいか，教育の入試偏重傾向はなかなか変わりません。

　そんなわけで中・高校では，現場の教員が，生徒の興味を引くような授業をめざしてあれこれ工夫しても，「それは入試に出るのか？」「そんな内容をやっていて，大学に合格できなかったらどうしてくれるんだ」などという声が，教室内外から必ず上がってきます。

　とくに私立高校は，生徒獲得のために大学進学率をウリにしようとしますから，有名大学への合格者数を競い合います。とりわけ，教育よりも経営を重視するような学長が仕切っている私立校の場合，教員は入試対策授業をやらざるをえません。逆らえばクビになるだけだからです。

　こうして教員も生徒も保護者もどんどん視野が狭まっていき，教え

る側は入試や試験に出る内容しか教えないし、学ぶ側もそれ以外のことを要請しなくなります。英語にかぎらずあらゆる科目で、勉強が「知識を詰めこむだけの作業」と化し、「これだけやっていればいい」という空気が蔓延します。

　しかも、英語はどの大学の入試でも必須科目であり、「これだけやっていればいい」「これができなければ受からない」という圧力が強くなりがちです。こんな息苦しい環境下では、「英語アレルギー」になっても不思議ではありません。

　しかも、中・高校のふだんの授業は集団授業ですから、理解できていない生徒を待ってはくれません。どこかの段階でつまずいてしまうと、その後の授業にまったくついていけなくなり、「英語アレルギー」がますます悪化します。こうした「学校英語」「受験英語」の息苦しさは、大人になってから学ぶ場合には無縁のものとなるはずです。もちろん、「英語力アップがビジネスチャンスを左右する」といった圧力はあるでしょう。しかし、「落ちたら将来がダメになる」というような、受験時代のプレッシャーに比べればマシでしょう。これについては、次節1-9で「日本人の英語力」を考えるときに、あらためてお話しします。

❖学習カリキュラムを自分でつくる

　生徒・学生時代と違い、大人の英語学習では選択肢がたくさんあります。何をどう学ぶか、どれくらいのペースで進めるか、つまり学習カリキュラムを、すべて自分の裁量で決めることができます。

　カリキュラムづくりにあたって、基礎があやしいという人は、まずは**自分が中・高課程のどこでつまずいたかを確認**しましょう。学校時代の教科書が残っていれば、「レッスン構成」（目次）などを眺めて記

憶をたどります。教科書がなければ，ネットを活用します。教科書会社のサイトや，WIKIBOOKS の「中学校英語」「高等学校英語」の項などで，中・高で習った（はずの）単元をざっと確認します。

　でも学習の進め方は，教科書の順番通りでなくてかまいません。学校ではほぼ教科書通りに進みますが，あれは集団授業だからこそです。大人の独学では，杓子定規に考える必要はありません。たとえば教科書で「過去形➡現在完了形」という順序だったとします。過去形はよく理解できているが，現在完了形はちょっとあやしいな，と思ったら，過去形を飛ばして現在完了形を勉強してもいいわけです。それに，むずかしいと思ったところは，何度もくりかえし勉強するなど，自分のペースで学べばよいのです。

　「読む・書く」の基礎はおおよそ押さえているが，「聞く・話す」の実践面で苦手意識がある，という人は，さらに自由度が増すでしょう。長文を読むのは苦手だが，会話を聞くのは苦にならないという人なら，CD 付きの英会話フレーズ集を買ってきて独学するのもいいでしょう。CD をくりかえし聞いて，**表現をフレーズごと覚えてしまう**ぐらいまでいけば，英語そのものにかなり慣れてきます。長い目でみれば，それが長文読解にも役立ちます。

　単語の暗記が苦手であれば，ムリに覚えようとせず，まずは**「知らない単語に遭遇したらそのつど辞書を引く」**ということを習慣づけてみましょう。忘れてもくりかえし辞書を引くようにします。すると，ムリに覚えようとしなくても，何度も目にすることで脳が自然と記憶していきます。

　どうしても独学が苦手な人は，お金に余裕があればスクールに入って，マンツーマンのレッスンを受けるのも手でしょう。学校時代の集

団授業と違って，講師はあなたのレベルや習熟度に合わせてカリキュラムを組み，レッスンをしてくれますから，置いてきぼりの心配もありません。ただし，スクール選びや受講の仕方には慎重さが求められます（Chapter 3 参照）。

　大人の英語学習では，「絶対こうしなければならない」という王道はありません。内容・ペース・方法を，すべて自分本位で決められます。苦手意識や「英語アレルギー」から解放されて，「自分だけのカリキュラム」をつくり，英語を学ぶことを楽しみましょう。

👉自分仕様のカリキュラムをつくろう！

Chapter 1 「しない」英語の考え方

コラム▶▶▶英語圏暮らし7年・アラフォー男の体験談 ④

「中➡高ギャップ」がつまずきのもと

　私たちアラフォーは、いわゆる団塊ジュニア世代に属します。大学受験では定員割れもなかなかなく、「受験戦争」と言われるほど激しい競争にさらされました。私はこの競争の輪に入っていけず、それまで好きで得意だった英語もまったく勉強しなくなってしまいました。当時はそれが、単に自分の怠慢によるものだと思っていました。

　でも、その後ロンドンに留学したさい、認識が変わりました。きっかけは、専攻したTESOL（英語教授法）でのある課題です。各国の英語の教科書を比較するうちに、日本の英語教育の問題点が見えてきたのです。

　たとえばフィンランドの教科書は、中学段階からかなり多彩な語彙が出てきて、単語の面では苦労しそうですが、単元構成や順序に工夫が凝らされており、中学から高校への移行がスムーズにできるようになっています。

　それに対して、日本を含む東アジアの教科書は、高校から急にむずかしくなる傾向があります。つまり日本の英語教育の特徴は、ひとことで言えば「中学はやさしく、高校はやたらむずかしい」なのです。しかも本編でも述べたように、中・高はふつう集団授業ですから、いったんどこかでつまずくと軌道修正が困難です。

　こうして、私のように高校に入って英語へのやる気を失う要因の一つは、この「中学と高校のギャップの大きさ」ではないかと思うに至りました。「中➡高ギャップ問題」は、英語にかぎりません。教育内容のムダを省いて一貫性を持たせる目的で、中高一貫教育の試みも推進されていますが、なかなか整備は進まないようです。しかし、現行の中・高制度のなかでも、フィンランドのように単元構成を工夫するだけで、ギャップをゆるやかにすることはできるはずです。

フィンランドの中学英語教科書。
語彙数は多いが、単元構成に工夫が凝らされている。

1-9 「英語くらいできないと」と思わない

❖英語は必須のスキルか？

　いまや英語とＩＴは，ビジネスパーソンが身につけておくべき最低限のツールであるとみなされています。しかし，ほんとうにそうでしょうか。

　私の知るかぎり，そのいずれか，もしくは両方できなくても，仕事で成功しているビジネスパーソンは存在します。そういう人にとっては，英語やＩＴは成功の必須要素ではなく，「**プラスアルファ**」にすぎません。

　私のかつての生徒さんで，経営者として成功している人がいました。世襲やコネでなく，自力でのしあがった人です。入学時の英語力は高くなく，習熟の速度も遅めでした。仕事で英語が必要になれば通訳を雇うので，英語が苦手なことによる実質的な不利益はないようでした。ではなぜ彼は英語を学ぼうとしたのでしょうか。彼によればその動機は，第一に海外の取引先との交渉などで，少しでも通訳を介さず自分の言葉で意思を伝えられるようになりたいから。そして第二に，経営者として苦手の克服に努力している姿を社員に示したいから，とのことでした。

　この人の口から，「いまの時代，英語くらいできないとね」といった言葉を聞いたことはありません。英語のスキルがなくてもすでに成功しているのですから，当然と言えば当然です。

　グローバル企業や世界の有名大学との競争に躍起の財界や文科省，メシの種を逃すまいとする英語教育業界が中心となって，さかんに喧伝していますから，多くの人が「英語は必須スキルだ！」と思いこむ

のもムリはありません。しかし,アラフォーが個人学習するさいには,あまりこれを真に受けないほうがいいでしょう。「受験英語」と同じような息苦しさにみまわれ,挫折しては元も子もありません。

❖英語は「替えがきく」スキル

仕事の能力の根幹をなすのは,コミュニケーションの力や創造性,発想力,行動力などでしょう。これらは人間の本性・性質に深く関わっているので,努力すれば必ず得られるとはかぎりません。これに対して英語やITは,こうした能力にプラスして活きる「スキル」であり,センスや才能,人間の本性とはさほど関係ありません。つまり,努力すればあるていどは身につきます。見方をかえれば,「替えがきく」能力なのです。

英語が得意な同僚を見て,焦る必要はありません。英語のスキルのある人イコール「仕事のできる人」ではないのです。彼／彼女が不得意な分野もあるでしょうし,あなたにも英語以外で誇れる能力があるはずです。

おそらく本書を手にしてくださった方は,きまじめで誠実で,他人を責めるより自分を責めがちな方でしょう(気楽な方は,英語の学習法で悩んだりされないでしょうから…)。「いまどき英語もできないなんて」と,思いつめている方もいるかもしれません。そういうきまじめさをいったん捨てて,「まあ,英語のスキルでも,ちょい足ししてやるか」ていどの軽い気持ちで始めてみましょう。

❖「日本人のビジネス英語力」は高くない

そもそも,いったい日本のビジネスパーソンのうち,「英語ができ

る人」の割合はどのくらいなのでしょうか。かりにあなたの課内に英語のできるライバルがいたとしても，その数はせいぜい1人とか，多くて数人ていどではないですか？　外資系企業を除けば，「英語のできる社員」のほうが多い会社など，ほとんどないでしょう。つまり，**「英語のできないアラフォー」は圧倒的多数派**なのです。

1-5で述べたように，TOEICで英語のコミュニケーション能力を測ることには限界があるのですが，一つのめやすとしてTOEICを基準に考えてみます。「通訳なしに，英語でビジネスの交渉ができる」には，おそらくTOEICで800点は出せないとムリです。一方，日本人のTOEICの平均スコアは約570点です。ずいぶん開きがありますね。

「日本人の英語力」は，世界的にもあまり評価されていません。今度はTOEICとは別の指標をみてみましょう。アメリカのビジネス英会話学習ソフト企業，グローバル・イングリッシュ社が毎年発表している，「ビジネス英語指数」(BEI：Business English Index) です。BEIは，ネイティブでない英語話者のビジネス英語の能力を国別にスコア評価するもので，グローバル企業が進出の判断材料とすることがあります。その2013年版 (http://bei.globalenglish.com/download) によると，最上位はフィリピンの7.95点でした。これにノルウェー (7.06点) やオランダ (7.03点)，アジアではインド (6.32点)，シンガポール (6.28点)，韓国 (5.28点)，中国 (5.03点) などが続きます。日本はといえば，なんと世界平均の4.75点を下回る4.29点で，調査対象77カ国中の50位です。アジア地域で日本の下位にいるのは，カザフスタンやイラクなど中東の5カ国だけです。

また，スコアごとのレベル (1〜3点：初級，4〜6点：基礎，7〜8点：中級，9〜10点：上級) でみると，日本は「基礎レベル」にあた

り,「プレゼンを聞いて理解し,問題点や解決法について会話をすることはできるが,商談や複雑な業務に関しては最小限の役割しか果たせない」とされています。

　残念な現状ではありますが,ものは考えようです。いまあなたが,社内で「TOEICハイスコア圧力」にさらされているとしても,それはピンチではなく,チャンスと考えるべきです。まわりがみんな,さほどレベルが高くないのだから,がんばれば頭ひとつ飛び出せるわけです。「追い抜かれる」「追いつけない」などと焦る必要はまったくありません。

MEMO▶ TOEICの国別平均スコアも,グローバル企業の評価基準として用いられます。しかし,じつはTOEICは,受験者の8割近くを日本人と韓国人が占めているとも言われ,その地域的偏りが指摘されています。

　この点BEIは,80カ国近くを調査対象としており,グローバル企業が進出先を検討するさいの指標としてはTOEICの平均スコアよりも有効と言えます。なおBEIでは,アメリカ,イギリス,オーストラリアなど,英語を公用語としている国も評価対象としています。これらの国々には,多数の「ネイティブでない英語話者」が住んでいるからです。

☙英語で自分を追いつめない！

1-10 英語にこだわらない

❖「英語以外」で勝負もアリ

学生時代からの英語アレルギーが抜け切らず,どうしても英語が好きになれない,という方もいるかもしれません。そういう場合は,**英語にこだわらず,別の言語にチャレンジしてみる**のも一つの手です。

私が経営していた語学教室の中国語のクラスには,英語への苦手意識があるという生徒さんが少なからずいました。もちろん,彼ら彼女らが中国語を選んだ理由はほかにいろいろあったでしょうが,何らかの外国語を学ぶにあたって,「英語を回避したい」気持ちがあったのはたしかです。ことほどさように,日本の教育制度が引きおこす英語アレルギーは厄介なものなのです。

「自分はこれが苦手だ」という先入観がなく,まっさらの状態で学べるほうが,学習がスムーズにいくのは当然です。「ビジネスで有望かどうか」で決めるにしても,なにも英語にこだわる必要はありません。中国語,韓国語,スペイン語,ロシア語,アラビア語などなど,より希少性の高い言語を学ぶほうが,これからの時代,英語より有利かもしれないのです。

❖ある言語の学習が,他の言語の理解に役立つ

私が中国語を学ぶようになった(そしてのちには,思いもよらず中国語圏に移住することになった)きっかけは,19歳のときのホノルルでのホームステイでした。ホストファミリーがチャイニーズ・アメリカンで,移住して長いのでみな英語も流暢なのですが,母語は中国語でした。

英語ができない私のために，夫妻はよく漢字（簡体字）を書いておおよその意味を教えてくれました。その字面を見ていて，「中国語，おもしろいかも」と思ったのです。以来，ぽつぽつと中国語の勉強をするうちに，意外にも英語の基礎的な知識が役に立つことに気づきました。

中国語の文法には，英語と日本語を足して 2 で割ったようなところがあります。日本語の基本的な構文は，SOV（私は・○○を・〜する）や SCV（私は・○○・である）です。これに対して中国語は，英語と同じ SVO（私は・する・○○を）や SVC（私は・である・○○）です。

たとえば，「私は日本人です」という文を中国語にすると，「我是日本人」となります。このとき，上記の「中国語と英語の基本構文は同じ」という知識があると，述語動詞の「是」が英語の be 動詞にあたるのだな，と，わりとすぐ納得できます。英語に置き換えて考えると，理解しやすかったわけです。（ちなみに中国語では，英語のように主語の人称によって am, is, are のように述語動詞を使い分けることはなく，どの人称でも「是」ですが。）

20 代のころに少しだけやったドイツ語の学習でも，英語の知識がかなり役立ちました。ドイツ語と英語は同じゲルマン語系ですから，共通点も多く，文法だけでなく語彙に関しても，英語を介した類推が可能です。たとえば「4 月」は，ドイツ語も英語も同じ April ですし（読み方は違いますが），「持つ」(haben / have)，「魚」(Fisch / fish) など，綴りが近い語がかなりあります。

こうしたことは，大学で英語のほかに「第二外国語」を学んだ方にはおなじみでしょう。英語が他言語の理解に役立つなら，逆もまたしかりです。フランス語を学ぶうちに，英語のおもしろさに気づくかも

しれません。スペイン語に習熟したころ，その知識が英語の理解に役立つかもしれません。

❖英語は「地球語」?

たしかに英語は，いまや地球語と呼ばれるほど，世界各地で話されています。しかし，どこでも通じるかというと，必ずしもそうではありません。

日本にしても，中学校から英語教育が行われているにもかかわらず，英語がどこでも通じるとはとうてい言えない状況です。2018年度以降は，小学校3年生から「英語活動」が必修化され，5・6年生では教科として英語の授業が行われることになっています。しかし，「始めるのは早いほうがいい」というのは，自然習得にかぎった法則であることは，すでに述べた通りです。それに，教育制度そのものの問題点を解決しないかぎり，学校で早くから教えたからといって話せるようになるとは思えません。

私の住む台湾も大差ない状況です。首都台北は，「アジアにおける国際貿易都市の地位をシンガポールや香港と争っている」などと言われていますが，英語力の点で明らかに2つのライバル都市に劣っています。前出の「ビジネス英語指数」(BEI)では台湾は5.08点・31位と，日本よりは高いものの，シンガポール(6.28点・10位)，香港(5.39点・21位)にはかなり水を空けられています。

要するに，「**英語くらい，できて当然**」と言えるほど，英語は「**地球語**」ではないのです。もしあなたが，外国語のスキルを獲得してビジネスに活かしたいのなら，「地球語」という呪文にまどわされず，英語以外の言語にも目を向けてみましょう。

そのさい，いきなり「ビジネスで交渉できるレベル」をめざさないようにしたほうがいいのは，英語の場合と同じです。あくまでも最初は「**ちょっとかじってやろう**」ていどの軽い気持ちで始めましょう。私としては，言語はなんでもいいので，まずはとにかく「外国語を学ぶおもしろさ」を感じとってもらえれば，と思っています。

☛**英語がイヤなら他言語を！**

コラム▶▶▶英語圏暮らし7年・アラフォー男の体験談 ⑤

「もう一つの言語」をかじるメリット

　台湾に移住してまもないころ，台北のある食品小売企業の副社長と話す機会がありました。質の高い食品を扱い，消費者からの信頼の厚い優良企業です。日本から食品を仕入れることもあるそうで，副社長はけっこういろいろな日本語の語彙をご存じでした。日本との取引では主に英語を使うが，少し日本語を混ぜると，取引相手が心を開いてくれる，と言っていました。

　その夜の会食の場所は，台北市内にある「日式涮涮鍋」，日本語にすれば「日本式しゃぶしゃぶ料理店」でした。会話は主に英語でしましたが，食べもの，とくに和食の食材について話すときは，副社長の日本語の知識にずいぶん助けられました。

　昨今，和食の世界的な知名度はかなり上がっています。2013 年には「和食」がユネスコの無形文化遺産に認定され，英語圏でも Japanese foods とか Japanese-style meals ではなく，ローマ字で「washoku」と表記されることが増えました。しかし，個々の料理や食材となると，英語で説明するのがむずかしいものがけっこうあります。わりとメジャーな「椎茸」などは，Shiitake でも通じますが，「ひじき」「たくあん」「お麸」「竜田揚げ」「ぬた」となると，英語で言えといわれても即答できません。相手がこの副社長だからよかったものの，日本語の知識がまったくない人だったら，会話が弾まなくて困ったことでしょう。「もう一つの言語」を少しでもかじっていると，コミュニケーションにおおいに役立つという実例です。

　ちなみに台湾のしゃぶしゃぶは，和食のそれとは似て非なる料理です。一言でいえば「何でもあり」の五目鍋。肉のほかにトマトやキャベツ，ラーメン（乾麺）など，いろいろなものが入ります。しかも，一つの鍋をみんなでつつくのではなく，めいめいに小さな鍋が用意され，それぞれ好きな具材を注文して入れるというスタイルです。台北市内にはこうした「日式涮涮鍋」の店が数多くあり，どこも流行っています。

副社長と訪れた台北のしゃぶしゃぶ店

Chapter 2

「しない」英語の取り組み方

〜学習法のポイント〜

2-1 TOEIC にこだわらない

❖TOEIC 信仰を捨てよう

　前章で述べたように，TOEIC で英語のコミュニケーション能力を総合的に測定するのは，じつはかなりムリがあります。しかしながら，日本では TOEIC の受験者数は右肩上がりで増加しており，いまや年間で延べ 230 万もの人が TOEIC を受験しています。その背景には，採用や昇進の基準に TOEIC のスコアを求める企業が増えていることがあります。また，ほぼ毎月試験が実施されていること，受験料が 5725 円（個人受験の場合・2015 年 11 月時点）と比較的安いこと，ネットやコンビニで気軽に申しこめる利便性なども，受験者数の増加に一役買っているのでしょう。

　これを読んでいる方のなかにも，就職や昇進における必要に迫られ，早急に TOEIC 対策を講じたいという人がいるかもしれません。そういう方には，むしろ本書ではなく，TOEIC に特化した効率的な対策本をおすすめします（p.198 巻末付録 1「迷わない！ 教材選び」参照）。

　しかし，あなたの学習の最終目標が TOEIC ではなく，長い目で見て仕事や人生のプラスになるものとして英語を学びたいということであれば，TOEIC にこだわる必要はまったくありません。TOEIC はあくまでも試験の一つにすぎません。TOEIC にせよ英検にせよ TOEFL にせよ，日ごろの学習の成果を試したり，自分がどのていど上達したか確かめるうえでの単なるめやすと割り切るべきです。

　試験が目的化してしまうと，どうしても意識が学習の中身よりも結果（点数・スコア）にばかり向きがちです。いい結果が欲しい，スコ

アを上げたいと思うあまり，英語学習に効率を求めるようになります。もちろん，かぎられた時間のなかで勉強するアラフォーにとって，時間効率は重要です。しかし，ムダなことは一切したくない，となると，話は別です。出題されそうな内容だけを学び，ほかのことは時間のムダと切り捨ててしまう。こうなると，知的好奇心という最も大切なものが効率の名のもとにしぼんでしまい，英語学習が味気ないものになってしまいます。

　前章でお話ししたように，大人であるアラフォー世代は「学校英語」や「受験英語」からは卒業しているはずです。にもかかわらず，忙しさゆえに時間効率，コストパフォーマンスを気にかけてしまう。これはアラフォー英語学習の最大のジレンマでしょう。このジレンマを乗りこえるには，「TOEICなんて，そんなにたいしたことじゃない」と割り切るしかありません。p.55の「MEMO」でご紹介したように，そもそもTOEICは決して「グローバル・スタンダード」とは言い切れないのですから，過度に恐れる必要はないのです。

❖アラフォー・ビジネスパーソンは，英語だけでは仕事にならない

　そういう私自身，英語講師時代はTOEIC対策講座をよく担当していましたので，出題傾向などの分析のためもあって，TOEICを毎月のように受験していました。しかし一方で，TOEICに執着しないよう重々気をつけていました。視野が狭まるのを避けるため，CNNなどのニュース番組や海外ドラマを見たり，英字新聞を読むなど，TOEIC以外の英語にできるだけ触れるようにしました。そのおかげで，英語そのものの知識だけでなく，英語圏の社会的・文化的慣習も吸収することができたと思います。

「自分は仕事で英語が必要なだけだから,ビジネスでよく使われるフレーズだけ覚えればいい」と考えている人もいるかもしれません。しかし,ビジネスパーソンこそ,語学以外の幅広い知識を必要とするはずです。たとえば商談をするさい,あいさつもそこそこにいきなり本題に入る人はまずいないでしょう。長話で相手の時間を浪費するのは論外ですが,ちょっとした雑談をして場を和ませてから仕事の話に移る,というのが一般的ではないでしょうか。

　雑談のネタは,軽いところでは天気の話,スポーツの試合結果,近所に新しくできたレストランの評判などでしょうか。こういった前フリのライトな雑談が,思わぬところで商談に結びつくということだってありえます。また,やや堅めの話題としては,株価の動向や企業決算の概況,政府の金融・経済政策などが一般的でしょう。なぜ多くのビジネスパーソンが『日経新聞』を好んで読むかといえば,紙面からこうしたネタを拾っておいて,商談の前フリに使えるからです。

　それに,グローバル化が進んだ今日では,「自分の仕事の内容さえ英語で話せればいい」というわけにはいきません。相手にもちかけようとしている**ビジネス要件の背後には,地球ごと巻きこむかたちで複雑な政治・経済・社会・文化状況がある**からです。最近では TPP(環太平洋戦略的経済連携協定)やエネルギー問題,中国の景気動向,中東情勢,EU 情勢,ギリシャ問題などの話題を多少なりと知っていないと,ビジネスパーソンとして恥をかくことになるでしょう。このての知識は,英字新聞を日ごろからていねいに読んでいれば,専門家並みとまではいかなくても,おおよそのところはつかめます。

　アラフォー世代のビジネスパーソンは,「TOEIC に頻出する表現だけを学ぼう」とか,「ビジネス英会話のコアなものだけ覚えよう」な

どという狭い了見は捨てて,「いろんなことを知っておいて損はない!」というくらいの懐の広さで英語学習に臨みましょう。

❖プラスアルファを楽しもう

　たしかにTOEIC特化学習をやれば,単語や文法の知識は増え,リスニングの能力もあるていど上がるでしょう。しかし前章で触れた通り,TOEICのスコアが伸びたからといってコミュニケーションの力が増すとはかぎりません。それに,**TOEIC特化学習では知識が派生的に広がっていくということがないので**,いくらやっても結局は「TOEICのスコアが高いだけの人」になってしまいます。これではビジネスパーソンとして通用しません。

　TOEICの過去問は,リーディング・リスニングいずれも,メールの文面にしろ広告文にしろすべて架空の話ですから,そこから生きた情報を得ることはできません。読解の練習をするなら,TOEICの過去問ではなく英字新聞や英字雑誌の記事を教材にすれば,さまざまな情報や知識が一石二鳥で得られます。リスニングも同じです。CNNがむずかしすぎるという人は,**NHKのニュースの副音声**(背景知識があるぶん,CNNよりわかりやすい)を聞いてみましょう。リスニングの練習をしながら生きた情報をインプットできます。毎日忙しく,しかもビジネスパーソンとして自立しなければならないアラフォー世代にとって,TOEIC問題集と新聞・雑誌・ニュースのどちらが教材として有益かは明らかでしょう。

　もちろん,教材を選ぶにあたって自分のレベルを考慮する必要はあります。久しく英語学習から遠ざかっている人が,いきなりCNNのニュースを何の補助もなく聞くのは,負担が大きすぎるばかりでなく,

効果が望めません。そういう人は番組を録画しておいて，1回目は日本語訳だけをよく聞いてニュースの中身を理解し，2回目以降は原語で聞くという方法を試してみましょう。あるいはNHK出版の『語学プレーヤー』など，音声速度を変えられるリスニング教材もあります。

　読解教材も同じです。語彙力に自信のない人は，辞書を片手にいきなりこみいった記事に取り組んだりすると，イヤになって途中で投げだすのがオチです。まずはスポーツ欄や娯楽・生活欄など，**語彙の難易度が低めの記事**からトライしてみましょう。それでもしんどければ，子ども・学生向けの英字新聞を読んでみるのも手です。たとえば「中学生から読める」を売り文句にしている『Japan Times ST』は，日本語訳も併載されているのでわかりやすく，子どもだけでなく大人にも活用されています（一部の記事はネットでも読めます。http://st.japantimes.co.jp/）。レベルも内容も自分にぴったりの教材を一発で見つけることはむずかしいかもしれませんが，いろいろと試すなかで，自分の実力に合うものに出会えるはずです。

　くりかえしになりますが，試験や受験がゴールとされた学生時代とちがって，大人の学習には終わりはありません。TOEICなどの試験・テストを最終目標と考えず，知的好奇心を大切に，学習の余録として身につくプラスアルファの知識を楽しむのが，学びつづけるための秘訣です。

♪英語を学びながら，幅広い知識を身につけよう

2-2 学習法マニュアルを乱読しない

❖必勝マニュアルは存在しない

アラフォー世代の方々の多くは,英語学習から離れておよそ15～20年,勉強の仕方からして,すっかり忘れてしまっていることでしょう。

「なんといっても英語は《地球語》。学習法も進歩しているにちがいない。書店へ行けば何かいいマニュアル本が見つかるだろう。それに沿って勉強すればいいんだ,楽勝楽勝！」

…お気持ちはよくわかります。しかし残念ながら,「**これさえ読めばOK**」**という必勝の学習法マニュアルは,この世に存在しません**。あたりまえですが,英語力のレベルや習熟度だけでなく,性格・気質,脳機能の特徴にいたるまで,人によって千差万別です。したがって,万人に適用可能で,「これさえやればOK」という無敵の学習法マニュアルを作ることなどできません。

唯一方法があるとすれば,あなただけの学習法を専門家にカスタマイズしてもらうことでしょう。カウンセリングや個別カリキュラムで高評価を得ている英会話スクールに入会し,講師もしくはカウンセラーにあなたの状況に合わせた学習プランを作ってもらうのです。お金に余裕のある方は,独学のペースがつかめるまでスクールに通い,プロに学習法を指南してもらうのも一つの手かもしれません。

❖まれな成功例には汎用性がない

その点で,本書も例外ではありません。これを読んだだけで,完璧な学習法を構築できるわけではないからです。しかし**本書の眼目は,**

「すべきでないこと」とその理由を明らかにすることで、アラフォーにとって過不足のない、すっきりした学習法を浮き彫りにすることにあります。なぜそれが可能かといえば、「すべきこと」は人によってさまざま異なるのに対し、「すべきでないこと」はかなりのていど、万人に共通するからです。

　たとえば、ちまたには「TOEICのスコアを、たった〇か月で300点台から900点台まで伸ばしたサラリーマンが攻略法を伝授！」といったたぐいの本があります。この伸び幅は驚異というより、ほとんど絵空事に近いように思います。というのも、私の講師としての経験上、300点台というのはふつう、初級者が何の準備もせずに受験したときに出る初回のスコアです。そのレベルの人たちが、わずか数か月で900点を獲るというのは、不可能とは言わないまでもかなり非現実的です。現実的には、半年で100点、よくて200点アップが限界です。ましてや忙しいビジネスマンともなれば、学習時間がかぎられます。Chapter 1で述べた通り、アラフォーの英語学習は「忘れては覚え」のくりかえしであり、「細く長く」が原則です。よほどの記憶力・吸収力の持ち主でないかぎり、900点台に達するには少なくとも1年以上かかるでしょう。

　つまり、かりにこの種の本の著者が、じっさいに300点台➡900点台を達成したのだとしても、それは非常にまれな成功例であって、多くのビジネスパーソンに適用できる学習法とは言えないのです。もし彼の学習法に汎用性・普遍性があるなら、いまごろ日本人のTOEIC平均スコアは580点ではなく、満点に近くなっているはずです。

❖「すべきでないこと」は万人に共通

　英語攻略本にかぎらず，成功譚にはとかく理論の裏づけが欠けています。ビジネス本でも，短期間で会社を大きくしたとか，収益を大幅にアップさせたというような「勝ち組」の話は，「やればできる」的な精神論に終始するきらいがあります。

　「勝ちに不思議な勝ちあり，負けに不思議な負けなし」。これは名将・野村克也氏の監督時代の名言です。勝った試合にはいろいろ偶然の要素が絡んでいることが多く，「必勝法」なんて机上の空論にすぎない。逆に負け試合にはあるていどの必然性があり，致命的なエラーや投手・代打者の人選ミスなど，あとから考えると「あんなことをしたら，負けるに決まってる」という定石があるわけです。ビジネスの世界でも，広告費や人件費をかけすぎた，皮算用で増産してしまったなど，典型的な失敗例があることでしょう。

　野球にせよビジネスにせよ，「あんなことをしなければ」というのはあくまで結果論であって，すべてを予測することは不可能です。しかし，失敗の確率を高める行為にはあるていど普遍性があり，それを教訓にして方法論を研ぎ澄ませることができるのです。「すべきでないこと」＝実行したらむしろマイナスになることを排除し，自分に合ったシンプルな学習法を見つけましょう。

　まずは，英語の学習法に関する本，とりわけ成功例をもとにしたマニュアルを，あれこれ乱読しないことです。できれば本書を読み終えたら，さっそく英語学習にとりかかってください。具体的な学習計画の立て方については，2-6 でご説明します。

☙ 成功例よりも失敗例に学ぼう！

2-3　ムチャな時間割を組まない

❖「グレーの時間帯」に注目する

　すでに前章でお話ししたように，アラフォー世代が仕事や家庭生活の合間を縫って英語学習を継続するには，毎日ほんの少しでもいいから英語の時間を作ることが肝心です。「英語ゼロの日」をできるだけなくすように心がけましょう。

　そのためには，まず自分のふだんの1日を詳しくふりかえってみる必要があります。朝起きてから夜寝るまでの間，あなたはどんな時間割で動いていますか？

男性	女性	やること
6:39	6:21	起床（洗顔など朝の身じたく➡朝食の支度➡朝食➡片づけ➡着替え・出かける準備）
7:36	7:54	自宅を出る
8:27-47	8:45-59	出社➡始業
18:51-19：16	17:59-18:11	終業➡退社
20:12	19:08	帰宅（夕食の支度➡夕食➡片づけ➡入浴など）
23:49	23:42	就寝

　上記は，ある調査に基づく「既婚の正規雇用者」の平日の1日です（独立行政法人労働政策研究・研修機構『データブック　国際労働比較　2014』第9-19-1 表より）。自営業やフリーランスの方は別として，サラリーマンのみなさんは，ご自分の日常とさほど大きくかけ離れていないのではないでしょうか。また非正規雇用の方々も，賃金や待遇は正規と差をつけられていても，就労時間は正規並みということが少なくないでし

ょうから、これをもって「働くアラフォーのふだんの 1 日」としてもさしつかえないでしょう。(近年問題視されている「ブラック企業」にお勤めの方は、上記の就寝時間が帰宅時間にあたるかもしれません。しかし、そもそもそういう方にとっては、英語学習よりも「転職」が優先事項なのではないかと思います。)

さて、上記の日課のうち、どうしても欠かせない要素は、食事や睡眠などの生存維持活動、育児や介護を含む家事、通勤を含む仕事です。1 日のうち、これらに割く必要のない"グレーゾーンの時間"は、退社から夕食までの 30 分～1 時間ていどということになるでしょう。

MEMO▶ 『データブック 国際労働比較 2014』によれば、上記のタイムスケジュールは、連合総合生活開発研究所「生活時間の国際比較」(2009 年)からの転載だそうです。この調査は「50 歳未満の民間雇用労働者で、かつ既婚者 400 名とその配偶者 400 名」を対象にインターネットで行われたとのことですから、アラフォー世代の実態とさほど大きな乖離はないと思われます。

❖メインを削らずに時間を捻出

あるいは、フレックスタイム制による勤務が可能な方なら、出社までの間のグレーゾーンを活用する「朝活型」もありえます。しかしフレックス勤務ができない場合は、朝の起床時間を早める、つまり睡眠時間を削ることになりますので、あまりおすすめできません。「時間の有効活用法」としてもてはやされている朝活ですが、じつはやれる人がかぎられているのが玉にキズです。

したがって、通勤時間および退社後の時間を利用する「スキマ型」が、アラフォーの英語学習のリアルな時間割ということになります。これで毎日少なくとも 1 時間から 1 時間半ていどを英語に割くことが

できます。初めのうちは,「通勤の往路か復路のいずれか」+「退社後の 30 分」というように短めに設定し,慣れてきたら伸ばしていくのがよいでしょう。退社後のスキマ時間の活用法については,2-5 を参考にしてください。

　前章でご説明した通り,アラフォーは仕事,家庭,プライベートのいずれもむやみに削るべきではありません。上述のようにタイムスケジュールを厳密に検証していくと,1 時間くらいが精一杯であり,かつ,初めのうちはそれでよいのです。ただし,この 1 時間だけは集中して勉強します。しかし,くれぐれもはりきりすぎて息切れしないよう,とくに最初の 1 か月くらいは「ボチボチ行こう」くらいの気持ちで臨みましょう。また,1 時間という時間数にこだわる必要もありません。しんどかったら 30 分でも 45 分でもいいのです。**肝心なのは,「このくらいなら続けられる」という,自分なりのペースをつかむことです。**

❖ ワーク・ライフ・スタディ・バランス

　アラフォー世代は仕事の責任も重くなり,平日・休日を問わず,時間外労働をしたり,家に仕事を持ち帰ったりすることもめずらしくないでしょう。しかし,もしあなたが本気で英語を学びたいとお考えなら,仕事とプライベートの間にきちんとした線引きをすることが必要です。今日持ち帰ろうとしている仕事,残業で片づけようとしている仕事が,ほんとうに火急のものなのか,一拍おいて考えてみることも大切だと思います。

　またプライベートも,人生や生活を充実させる重要な要素です。家庭のある人なら,家族と食事をしたり,コミュニケーションを図る時

間を惜しんでいると、やがて家族に見放されることだってありえます。私のかつての生徒さんで、英語学習に熱を上げすぎて、あやうく家庭の危機を招きそうになった人がいました。何ごとも「過ぎたるは及ばざるがごとし」です。

　かくいう私も、以前はプライベートの時間のほとんどを英語の勉強に充てていました。しかも、なぜかやればやるほど、「もっとやらなければ」という強迫観念にとりつかれてしまい、ついには友人と会うことすら時間の浪費と思うに至ってしまったのです。こうなると、精神的に問題アリです。私の場合、英語講師が職業でしたから、英語学習は仕事とほぼ同義で、ワーカホリックと言われてもしかたのない状態でした。

　それが、40歳でイギリスの大学院に留学して、自分の働き方、生き方を客観的に見直す機会を得ました。以来、仕事とプライベートのいずれも自分の人生にとって欠かせないものなのだから、はっきり線引きをしてどちらも大切にしようと考えるようになりました。いわゆるワーク・ライフ・バランスです。

　せちがらい昨今、スキルアップやキャリアアップのために、仕事とそのための勉強が優先されがちなのはいたしかたないとは思います。しかし、世は成熟社会の時代です。右肩上がりの高度成長が望めないのだから、私たちもむやみに焦ることはありません（政府はいまだ「成長戦略」に固執しているようですが…）。長い目で人生の豊かさを考え、しかも仕事もプライベートもあきらめない。英語学習も、細く長く、かつ楽しく続けることを第一とする。これが21世紀のアラフォーがめざすべき「ワーク・ライフ・スタディ・バランス」ではないでしょうか。

そして，こうしたワーク・ライフ・スタディ・バランスを実現するには，ムチャな時間割は禁物です。「続けられること」を最優先した時間割を組みましょう。

☝仕事／プライベート／英語の時間を明確に分けよう！

2-4　ＩＴを過信しない

❖デジタル時代の辞書あれこれ

　私たちアラフォー世代が学生のころ，ＩＴはまだ発達の途上にありました。英語の学習でも，スマホはおろか電子辞書もまださほど普及していませんでしたね（というより，携帯やスマホが普及してようやく電子辞書が一般化したとも言えます）。ですから，当時は知らない単語に出くわせば，頼りはもっぱら紙媒体の辞書でした。

　アメリカ留学時代に私が愛用していたのは，研究社の『リーダーズ英和辞典』です。収録項目数約27万語（最新の第3版は28万語）と抜きんでて多く，調べたい単語が見つからないということはほとんどありませんでした。この辞書は，英語タイトル"Dictionary for the General Reader"からもわかるように「読む人のための辞書」ですから，幅広い分野の専門用語や固有名詞を網羅しているのが特徴です。coracoid（烏啄骨），astragalus（距骨）など，日本語でさえ聞いたことのないようなマイナーな語彙まで載っています。「これさえあれば」という安心感があるので，つねに持ち歩いていましたが，収録語数が多いぶん，ぶあつくて重く（約1.5kg），ほかに荷物があるときなどは閉口しました。それがいまや，スマホ1台で携行できるのですから，隔世の感を禁じえません。

　もっとも，スマホは充電が切れたらアウトですから，その時点で英語学習もストップします。その点，電子辞書のほうが安全ですが，いちどスマホやタブレットを手にすると，別に電子辞書専用機を持ち歩こうという気にはなかなかなれないのでしょう。それは近年の電子辞書の出荷額低下に如実に表れています。

単語のおおよその意味をつかむには、スマホの辞書アプリは非常に便利です。しかし、すべての辞書がアプリ化されているわけではないので、多少なりとつっこんだ勉強をしたい人にはものたりない場合があります。その点、ネット上の辞書、なかでもアルクの『英辞郎』は、使い勝手がよく実用的で、人気が高いようです。パソコンでもスマホでも、ネット環境があれば無料で利用できますから、電子辞書（専用機・スマホアプリともに）の売上減に最も影響しているのは、この英辞郎かもしれません。

　ネットの自動翻訳サイトはどうでしょうか。Google をはじめ検索エンジンが提供する翻訳サービスのほか、「Excite」「Infoseek」など無料で使えるものがいくつかありますね。辞書が手許にない、ややマイナーな言語を訳したいときは助かります。私も以前、フィンランド語のメールを自動翻訳してみたところ、とりあえず主旨だけは理解することができました。ただ、ご存じのようにこうした翻訳サイトはまだまだ進歩の途上にあり、訳文は不完全です。このときも結局、知り合いのフィンランド人に細部を訳してもらいました。学習でもビジネスでも、いまのところ自動翻訳の使い道は、直訳によって文の大意やキーワードをつかむくらいがせいぜいでしょう。

❖ ＩＴの恩恵は限定的

　語学学習において、ＩＴの発達の恩恵を一番受けているのは音声教材だと思います。いまではフォーマルなスピーチからくだけた会話まで、さまざまな音声教材がインターネットを通じて無料で利用できます。スカイプなどのネット電話サービスを使えば、自宅にいながらにして英会話のレッスンを受けることもできます。リスニング練習のツ

ールの面では，私たちは非常に恵まれた環境にあると言えます。

にもかかわらず，日本人の英語のコミュニケーション能力は相対的に伸び悩んでいます。それは TOEFL や TOEIC の平均スコアからも明らかです。あたりまえの話ですが，いくら音声教材が普及しても，それだけで英語の能力が向上するわけではありません。

語学学習では，まず読んだり聞いたりすることで知識をインプットします。そして蓄えた知識を，あるていど時間をかけてインテイク（じっさいに使えるレベルにまで体得する）することで，初めてアウトプットできるようになります。知らない単語を一つ一つ調べて意味・用法・発音を覚える，文法に習熟する，聞き取りの練習を積むといった地道な過程がどうしても必要なのです。ＩＴがどれほど発達しようとも，このプロセスをショートカットすることはできません。

スマホやタブレットの普及で，私たちにとってＩＴはますます身近なテクノロジーとなりました。「どこにいても英語学習ができる」という恵まれた環境は喜ばしいことです。しかし，ＩＴの恩恵が，辞書を引くとか単語を暗記するといった地味な作業を不要にしてくれるわけではないのです。

❖アラフォーの強みを活かせ！

というわけで，言わずもがなですが，**ＩＴで英語ができるようにはなりません**。ＩＴを過信せず，地味な作業を怠らないことです。かといって，ＩＴを使うべきでないというわけではありません。「辞書を引く」「単語や文法を覚える」「リスニングの練習をする」など，基本となるアナログな勉強法に，ＩＴの利点をうまく活用したいものです。

アラフォー世代は，この「ＩＴの賢い活用法」に関して，ほかの世

代よりも有利だと言えます。というのも私たちアラフォーは，学校時代は電子辞書もネットもなく，紙と鉛筆を使ったアナログな学習法で学びました。そして20歳前後を迎えた1990年代末，インターネットの爆発的な普及をまのあたりにします。つまり，アラフォーはネット技術の大躍進の過程を，リアルタイムで知っているのです。その時期に20歳前後という年代だったことは，ほかの世代と比べて圧倒的に有利です。判断力，実行力，新しいテクノロジーを使いこなす柔軟性をかねそなえていたのですから。下の世代は，ＩＴを仕事や勉強に活用するには幼すぎたでしょう。上の世代は，年をとりすぎてなかなかＩＴに適応できなかったでしょう。しかも，アラフォー世代は古い勉強法も知っているわけですから，ＩＴ過信に陥ることもありません。

　この強みを活かして，ＩＴの長所をうまく利用した勉強法を見つけましょう。

▲勉強するのは機械ではなくあなた自身！

2-5 スキマをムダにしない

❖カフェを活用しよう

　私は，家で仕事をしようとすると，どうも能率が上がりません。私にとって，家は完全に私的な空間であって，仕事という公的な要素を持ちこむのはむずかしいようです。フリーランスで決まった職場というものがないので，本や記事を執筆するときはパソコンを持って外へ出かけます。服も何でもいいというわけにはいきません。普段着だとどうしても気がゆるむので，わざわざ仕事モードの服装（ワイシャツ，スラックス，紺ブレ）に着替えます。そして私の仕事場はもっぱら街のカフェです。少々儀式めいていますが，こうして身じたくを整えてカフェに入店し，席に着くと，即座に仕事モードに切り替わることができます。各種の勉強も同様で，家よりカフェのほうがはかどります。

　アラフォーのみなさんも，仕事を終えて帰宅すると，まったりリラックスしてしまい（それ自体は悪いことではないのですが），さあ勉強しようという気にはなかなかなれないのではないでしょうか。机に向かってやろうとすると，どうしても気が重くなるものです。いっそのこと，**英語学習は帰宅前に外ですませてしまいましょう。**余暇時間の少ないアラフォーの生活スタイルからしても，このほうが得策です。テキストや新聞・雑誌を教材とした読解の練習は外でやり，余力があれば就寝前に家で英語のニュースや映画を鑑賞するのもいいでしょう。もちろん，家でも十分集中して勉強できるという方は，ムリにカフェでやる必要はありません。

　職場か自宅の最寄り駅に，セルフ式のカフェが一つもないという方は，おそらくほとんどいないはずです。退社後，お気に入りのカフェ

で30分〜1時間ていど英語学習をやってみましょう。習慣化してしまえば，店に入った瞬間に勉強モードのスイッチが入るようになるはずです。英語の勉強をすませてから帰宅すれば，プライベートの時間も心おきなく満喫できます。

　コーヒー代が気になる方は，公立図書館で勉強するのも手です。私などは静かすぎてかえって気が散ってしまいますが，人によってはカフェより落ちつくかもしれません。

❖スキマ時間はそこかしこにある！

　どうしてもカフェで30分〜1時間を過ごすことができないという方は，スキマ時間を徹底利用しましょう。通勤の車中でテキストを読む，CDを聞く，電車の待ち時間にノートを見直すなど，細切れのスキマ時間を合わせれば15分くらいにはなるはずです。あとは会社の最寄り駅近くのカフェで10分か15分やれれば，約30分英語に取り組んだことになります。忙しい方はそれでも十分です。

　帰宅後も，あらたまって机に向かわずとも，ちょっとした意識化でスキマ学習が可能です。映画や海外ドラマの鑑賞も，考えようによっては「娯楽中のスキマ学習」になりえます。海外ドラマを字幕つきで，音量をやや大きめで視聴すれば，楽しみながら英語に親しむことができます。とくにドラマは会話が多いですから，語彙数がさほど多くなく，リスニングのトレーニングにぴったりです。何話か見ているうちに，きっとそのドラマで頻出する単語を自然に覚えてしまうはずです。

　そして発音練習は入浴中にやります。その日リスニング教材やドラマ，ニュースで聞いた単語を，お風呂のなかで反復します。風呂場は音が反響しやすいので，自分の発音を確認するのに適しています。風

呂から上がり，ドライヤーで髪を乾かす間も発音練習や音読ができます。ブ〜ンという音であなたの声はかき消されますから，家族に迷惑がられることもありません。

　こうしてスキマをつなぎ合わせれば，どれだけ忙しい人でも 30 分〜1 時間くらいの学習時間は捻出できると思います。仕事もプライベートも犠牲にすることなく，英語学習を続けるためには，**スキマを 1 分でもムダにしない**ことです。今晩からさっそく，やりやすい順に，①海外ドラマの意識的鑑賞➡②風呂場・洗面所での発音練習➡③翌朝，通勤の車中でのリスニング練習➡④退社後，カフェでの読解練習…と始めてみましょう。「自分にもできそう！」と思うことうけあいです。

　　　　　　　　　　　　　　　　✒日常生活のなかでも英語は学べる！

2-6 先に学習計画を立てない

❖あまりに細かい計画は「絵に描いた餅」になりがち

英語学習に取り組む前に、あらかじめかなり細かく計画を立てる人がいます。買ってきたテキストの目次に沿って、1日に必ず1課を終える、というように、1日刻みでノルマを決めます。すると1週間でここまで進むから、1か月で1冊終わる…というふうに、中期的な目標達成のめどが立つので、安心感があるのでしょう。計画を立てている段階では、「1日に1、2ページていどなら余裕だ」と感じられるものです。ところが、いざ始めてみると、これがなかなか思い通りにはいきません。

1日のうち、アラフォーが英語に割けるわずかな時間のなかで、決まった範囲の内容をモノにするのはそれほどたやすいことではないのです。英語力が中級以上で、すでに学習がルーティン化できており、自分の実力とテキストの内容を照らし合わせてペースを見積もれる方なら話は別です。しかし、英語から離れて20年も経っている多くのアラフォーにとって、あまり細かい学習計画は逆効果です。まず「絵に描いた餅」に終わると思っていたほうがいいでしょう。

計画倒れに終わる理由は、初期設定が高すぎることにあります。たかだか1つのセクションくらい、軽いもんだと思っても、単語から文法まで幅広く忘れているアラフォーにとって、一つの英文自体が難関と化しているのです。計画通りにいかないと、日々ストレスが溜まり、果ては英語学習がイヤになってしまいます。かといって、まったく計画を立てずに始めてしまうと、それはそれで緊張感に欠けます。やがて「気が向いたときだけやる」「今日は気分が乗っていたのでだいぶ

進んだから，明日は休み」というようなことになって，英語力はなかなか伸びません。くりかえしになりますが，アラフォーの英語学習は「毎日やる」のが大原則です。そのためには，1冊のテキストをしっかり学び終えるための計画が不可欠です。

❖とりあえずやってみる

ではどうすればいいのでしょうか。私は，**綿密な学習計画を立てる前に，「とりあえずやってみる」**ことをおすすめします。むずかしく考える必要はありません。この本を閉じた後，30分だけ英語に取り組んでみるのです。すると，**自分が30分でやれる範囲**が明らかになるはずです。たとえばテキストの第1課が見開き2ページあったとして，30分で半分（1ページ）できたとします。ならば1つの課を仕上げるのに1時間かかることになります。そのテキストが20課まであるとして，1日30分やれば2日で1課終わりますから，40日間で1冊完了することになります。

テキストによっては，前半はやさしめの内容で，後になるほどむずかしくなるものもありますので，適宜調節が必要です。その場合は同じ20課でも，後半の11課以降は3日で1課とするなど，ペースを落としましょう。すると前半の10課までで20日間，後半の10課で30日間，トータル50日間で完了という計算になります。このあたりは，あらかじめテキストの内容を把握する必要はなく，まず何課かやってみて，難化したなと感じたらペースを調整するようにすればOKです。

さらに，学習計画にちょっとしたのりしろを設けておくのもコツです。たとえば40日間で完了というめどが立った場合はプラス5日で45日間，50日ならプラス10日で2か月を見こんでおきます。こうし

ておけば，もし何か突発的なことが起きて「今日は 10 分しかできなかった」ということが何度かあっても，最終的に帳尻を合わせることができます。**1 冊のテキストを，自分で決めた期限内にこなすことで達成感を得る**。これがアラフォーの英語学習にとっては非常に重要です。こうした成功体験を積み重ねていくことで，1 年後にはあなたの本棚に，5 冊くらいの「読破した英語テキスト」が並んでいるはずです。その達成感をバネに，次のステップに進めます。

　もちろん，仕上げたテキストの内容をすべて習得できているとはかぎりません。読了して 1 か月も経てば，学んだはずの語彙や文法をあれこれ忘れてしまっていることでしょう。しかし，それを差し引いても，英語学習を始める前と比べれば格段に前進しているはずです。まずは何よりも，忙しい合間を縫って，1 日に 30 分～1 時間ていどの学習で数冊のテキストを仕上げたことを誇りに思いましょう。

❖「週末にまとめて」は得策ではない

　かりに 1 日 30 分ずつ，毎日英語に取り組むとすると，1 週間で 3 時間半になります。これを，平日は忙しいから週末にまとめて消化してやろうと考える人もいるかもしれません。3 時間半を土日の 2 日で割ると，1 日に 1 時間 45 分です。なんだ，1 日に 2 時間弱ならできそうだ，と思うかもしれませんが，さにあらず。1 時間 45 分＝105 分といえば，だいたい映画 1 本分くらいです。これは英語学習の習慣が身についていない人にとっては法外な長さなのです。

　それに週末は，友人から誘われたり，家族と出かけることもあるでしょう。1 週間働いた後の休息も不可欠です。週末の両日，1 時間 45 分を割くのは，現実には至難の業です。

学習効率の面でも，週末型は得策とは言えません。さきほどの例で言えば，1日30分ずつなら1週間で終えるはずの3.5課分の内容を，週末だけで消化するのはかなりムリがあります。少量ずつでも毎日コンスタントに勉強していれば，忘れかけた語彙なり文法なりを翌日再び目にする可能性が高く，知識の定着に有効です。週末型だと，翌週末までこの反復効果が生じないわけですから，忘却する割合も高まります。つまり，平日は一切英語に触れず，週末だけまとめてやるよりも，毎日少しでも英語に触れるほうが学習効率は高いのです。

　アラフォー世代の英語学習では，**「週末もいつも通り」**の気持ちが大切です。週末は平日にできない趣味や交遊に割いたり，家族と過ごしたりすることをメインに据えましょう。そして英語学習に割く時間はふだんと変わらぬ30分～1時間。もちろん，ときには月～金で出てしまった英語学習の遅れを週末で補うことはあってもいいでしょう。ただそのさいも，「毎週末に必ず帳尻を合わせる！」というように窮屈に考えてはいけません。多少の遅れは，先に述べた「のりしろ」で数か月の間に解消できますから，のんびり構えましょう。

　　　　　　　　　　　➢ **「計画➡実行」ではなく「実行➡計画」**

2-7　一つのやり方に固執しない

❖過去の自分の方法にこだわりすぎない

　私の以前のアラフォー世代の生徒さんのなかには、久々に英語学習を再開するにあたり、学生時代のやり方に固執する人が少なからずいました。たとえば読解の練習で、高校や大学でやっていた通りに、一言一句訳読をしないと気がすまないといった人です。訳読が必ずしも悪いというわけではありませんが、目的によっては不要、もしくは非効率になることもあります。たとえばTOEIC対策では、読解のスピードが求められますから、全体の要旨をすばやくつかむことが重要であり、細部まで訳読をする必要はありません。これはビジネスの場面でも同様でしょう。まずは契約書やメールの概要を把握するのが先決です。もちろんその後の手続きや作業の過程でまちがいが起きないよう、最終的には文書を正確に訳さなければなりませんが、そのさいも訳読はしないはずです。

　また、学生時代のテストの経験からか、語法や文法の「正解」に逐一こだわる人もいます。1箇所でもまちがえるとフリーズしてしまい、そこから先に進めなくなってしまうこともあります。これなどはいわば試験偏重教育の「後遺症」と言えるでしょう。

　そもそも日本語と英語は言語体系が大きく異なりますから、英文を100％日本語に置き換えることは不可能です。学生時代に苦しめられた、重箱の隅をつつくような試験問題ならいざ知らず、大人がビジネスで使う英語に杓子定規な「正解」は無用です。仕事の現場では、メールを書くにも対面交渉をするにも、文法の誤りが一点もない英文を作るために1時間も2時間もかけるなどということはできません。ビ

ジネス英語で求められるのは,こちらの意図や主旨を短時間で,簡潔かつ過不足なく伝えることのはずです。そのさいに出る多少の文法逸脱現象は大目に見てもらえることは,1-1で述べた通りです。

　過酷な「受験戦争」をくぐり抜けてきたアラフォー世代の方々のなかには,かつての自分の勉強法に自信も自負もあり,どうしてもこだわってしまう人もいるかもしれません。しかし,学生時代に求められた英語力と,大人になってから求められる英語力は同じものではないことは,すでにお話ししてきた通りです。

　もちろん,学生時代の方法すべてを忘れる必要はありません。いまでも有効なやり方があれば採り入れるべきでしょう。ただ,過去の方法に固執すると学習効率が下がることもあるということを覚えておいてください。

❖単語は,意味だけ暗記しても使えない

　語彙力の強化についても同様です。学生時代は試験前に単語集を丸暗記したという人も少なくないと思いますが,大人の英語学習ではそのような覚え方はほとんど意味がありません。文脈と切り離された形でいくら単語を暗記しても,長期記憶にはつながりにくく,実戦で使えないからです。学生時代の試験対策では,詰めこみ学習でもあるていど功を奏したでしょうが,試験が終われば忘れてしまっていたことでしょう。いま当時を思い返して,意味ぐらいは思い出せる語彙もけっこうあると思いますが,その大半がインテイク,つまりいざ英文を書いたり話したりしようとするとき,さっと単語が出てくる状態には至っていないのではないでしょうか。

　アラフォー世代に適した語彙力強化策は,地味なようですが,**つね**

に文章のなかで意味をくりかえし確認することです。自分のレベルに合った教材を使って，文章中で未知の単語や忘れてしまっている単語に出くわしたら，そのつど調べなおし，覚えなおす。地道な作業ですが，これが最良の方法です。ある文を読んでいて，「この単語，意味は何だっけ？」と思ったそのときに，辞書を引いて確認したほうが，コンテクスト（文脈や状況設定）とセットで覚えるので，記憶に残りやすいのです。

このとき，一文中に調べなければならない単語がいくつもあって，文意を把握するのに手間どるケースが連続して起きたとします。そのような場合は，その教材があなたの英語力のレベルに合っていないと考えられますので，少しやさしめのテキストに切り替えましょう。たえず辞書を引いていなければならないとなると，学習意欲の低下を招きかねません。また逆に，辞書を引く必要がほとんどないようなやさしすぎるテキストでは，新しい知識が増えず，かえって知的好奇心を阻害します。

一つのめやすとして，テキストの最初の課に出てくる語彙のうち，7割ぐらいは辞書を引かなくても意味（辞書に載っている主要な語義一つだけで OK）を即答できれば，その教材はあなたにマッチしていると言えます。課が進むにつれて，未知の語や忘れている語が増えるかもしれませんが，7割が3割以下にまで減る（つまり逆転する）ところまではいかないはずです。

また，未知の単語に出会ったら，めんどうがらずにていねいに辞書を引きましょう。ムリに文脈から類推するのはかえって遠回りになることを実証した研究もあります。

❖教材も自分に合った使い方で

テキストの進め方も、必ずしも第1課から順番通りにやる必要はありません。目次の順序にこだわらず、興味のある内容、理解度が低いと感じている文法事項から優先的に学んでいってもよいのです。リスニング教材についても同様です。

一般に語学のテキストの編纂には、外国語教員や教材開発の専門家などが携わり、第二言語習得などの理論も加味して学習順序が決められます。そこにはそれなりの理論的根拠があるわけです。しかし、じっさいには専門家の考えと、教育現場やエンドユーザーのニーズとの間にズレが生じることもままあります。私も英語講師として、また英語学習者として、数え切れないほどたくさんの教材を使ってきましたが、「これを先に学んだほうがわかりやすいのに」などと感じることが多々ありました。むしろ目次通りに使ったことのほうが少ないくらいです。

当然ながら、習熟度も重点的に学ぶべき項目も人さまざまです。集団授業ではそうした個人差をあるていど無視せざるをえませんが、大人の独学ではそんな必要はありません。あくまで自分に合った教材の使い方をすればいいのです。

そして、「自分に合った使い方」が一発でわからなくても、気に病まないことです。また逆に、学生時代の記憶を頼りに、なじみの使い方に固執しないことです。学習を続けるなかで試行錯誤をくりかえし、いまのあなたにぴったりの教材使用法を見つけましょう。

☛試行錯誤を楽しもう！

2-8　楽しいことだけをしない

❖ 「意味がわかった」だけで満足しない

　外国語の習得には，instructive と naturalistic の二つの方法があります。前者はテキストで，あるいは講師によるレッスンによって体系的に学ぶ方法です。後者は対象言語に触れることで自然と身につく方法，つまり本書で何度か言及してきた「自然習得」です。

　国内で英語を学ぶ日本人のほとんどは，EFL（English as a foreign language），つまり英語を外国語ととして学びます。ふだんの生活では母語である日本語に囲まれているわけですから，対象言語に接する時間はおのずと短くなります。ふつうの暮らしを営む日本人の大人にとって，naturalistic な語学習得はほとんど期待できないわけです。

　中国語圏で暮らしている私の場合，CSL（Chinese as a second language），つまり「中国語は第二の言語」です。周囲の人たちはみな中国語で話しているわけですから，日本国内にいるよりも対象言語への接触時間が格段に長くなります。そのため naturalistic な方法による習得もあるていどは望めます。それでも，前章で触れたように，大人が母語以外の言語を自然習得することはきわめてむずかしいとされています。日常的に聞いているうちに自然とマスターできるだろうなどとたかをくくり，文法や語彙の体系的な学習を怠れば，私の中国語はいつまでたっても上達しないでしょう。

　たしかに instructive な学習は，地道でめんどうくさいものです。辞書を引いたり，単語を覚えたり，文法をくりかえし復習したり，例文を訳したりと，根気の要る作業がえんえんと続きます。それよりは，学びたい言語の雑誌を流し読みしたり，映画やドラマを見たり，知り

合いの外国人にちょっとした会話を教えてもらうほうがずっと楽しいですね。最近では「聞き流し英会話」など，多彩なリスニング教材も販売されています。もちろん，ときにはこうした方法で英語に触れることも，慣れを作るという意味では有効です。ただ，ここで挙げたような「楽しい方法」だけやっていると，おおよその意味さえわかれば満足してしまい，総合的な英語力は向上しません。

　ある研究によれば，意味把握に意識が集中すると，文法や語法，発音といった要素がほとんど無視される傾向があるそうです。いわば英語が言語として認識されていない状態です。

　楽しくてラクな方法だけを採用して，**「なんとなくわかった」気になるのが一番危険**です。かりにネイティブと会話して，単語の羅列やボディランゲージで多少の意思疎通ができたとしても（じっさい，そういうことはままあるのですが），それは英語力とは言えません。私たちにとって英語はあくまで外国語であり（EFL），その習得には一定の忍耐が必要であることを覚悟しましょう。

❖enjoy の意味

　かといって，体系的な学習一辺倒でもいけません。味気なさのあまり，モチベーションが低下してしまっては継続に差し障ります。ときには映画やドラマを鑑賞目的で楽しみましょう。ただし，吹き替えではなく字幕つきで。でも，前項で述べた「外国語としての英語」を気にする必要はありません。ほんの数語でも，聞き取れた，意味が理解できた箇所があればよしとします。

　英語圏では，enjoy という言葉が非常にひんぱんに使われます。みなさんも，海外のスポーツ選手が大事な試合の前のインタビューで，

「I'll enjoy the game.」などと言うのを耳にしたことがあるのではないでしょうか。これを「今日の試合を楽しむつもりさ」と訳すのは，誤訳とは言わないまでも不十分ではないかと思います。この enjoy には，「是が非でも勝たねばならない大一番で，緊張しすぎて実力を十分発揮できないといけないから，ふだん通りにやるつもりさ」という意味がこめられているのです。日常生活でも，たとえば親や先生が，テストを控えた子どもに対して「Enjoy it!」とか「Enjoy yourself!」などと声をかけることもあります。こういうとき，日本人なら「がんばれ」と言いますが，英語圏の人々からすると，そうでなくても緊張しているのだから，むしろリラックスさせたほうがいいと感じるようです。

　もちろん，enjoy の第一の語義は「楽しむ」です。でも口語で使われる enjoy には，「楽しいとわかっていることをやって楽しむ」というのとは少し違うニュアンスがあるようです。つらい，しんどい，退屈だ，プレッシャーに押し潰されそうだ…などのマイナスの気分を落ちつかせるため，「いつも通りこなしてやるぜ」といった気持ちがこめられることがあるのです。英語学習でも，日々の地道な努力自体を，平常心で enjoy してもらえたらと思います。

♣キリギリスになるなかれ！

2-9 古典的な学習法をバカにしない

❖学習メソッドの変遷

　ファッションやテクノロジーなどと同じように，英語の学習法にも時代の移り変わりとともに変遷があります。古くはパターン・プラクティスと言って，定型表現を覚えさせる方法が注目されていました。同じ構造の文の一部分だけを変えた何十ものセンテンスを，何度もくりかえし発話して覚えるというものです。たとえば「I want to go to 〜.」という文の，場所を表す「〜」の部分だけを変えて，「I want to go to the beach.」「I want to go to the movie.」など，似たような文を大量に与え，それをひたすら発話させるのです。

　これはもともと第二次大戦中，米軍が他国の機密情報を盗むために，外国語ができる人材を育てる必要に迫られて開発したメソッドだと言われています。しかし後に第二言語習得や TESOL（英語教授法）などの研究が進むにつれ，文脈を無視してひたすら定型を覚えるこうした方法は効果が薄いということになり，しだいにすたれていきました。

　第二次大戦後になると，同じく米国でオーディオ・リンガル・メソッドというのがもてはやされます。耳で聞いた英文を何度もリピートする方法です。これも，文意や文の構造を十分に理解せずに復唱するだけでは習得にはつながらないということになり，やがて主流から外れていきました。

　では日本の英語教育はといえば，従来は日本語との言語体系の違いを重視し，文法や語法などのルールを習得することが徹底されていました。具体的には，文法とそれに基づく構文の理解，語彙力の向上，それらの総合としての英文の和訳・和文の英訳が中心です。ときに複

雑な文の構造を正しく見抜き，英➡日，日➡英のいずれも訳せるようになることが，何よりも重要という考え方です。

しかし 1970 年代に入ると，こうした教育法では，英語のコミュニケーション能力が一向に伸びないという指摘がなされるようになります。「受験英語」が批判されはじめるのも同じ文脈によるものです。それを受けて，続く 80〜90 年代には英会話が大流行し，スクールが乱立しました。アラフォーのみなさんのなかにも，小学生時代，設立されはじめた「ECC ジュニア」などで英会話を学んだ（親にやらされた？）方がいらっしゃるのではないでしょうか。

けれども，当然ながら会話だけやっていても英語力は伸びません。体系的な学習によるインプットが不十分な状態で，いくら会話の「カタチ」だけ覚えたところで，実戦的なコミュニケーション能力が向上するわけではないのです。それはすでにお話しした TOEIC の平均スコアや BEI の評価からも明らかです。

2000 年代に入ると，さまざまなメソッドが開発もしくは再構築されていきます。音読の効果を見直す意見もあります。英文を聞いた直後からリピートする通訳養成用の訓練法（シャドーイング）を，一般の英語学習に採り入れる動きもあります。聞き取りの精度を上げるためのディクテーション（書き取り）の効果も見直されています。また，訳読が発話の流暢さの妨げとなっているという理論に基づき，日本語を介さず「英語で考える」ことを指導するメソッドもあります。

❖ 学習法の乱立状態

このように近年は，さながら英語学習法の百花繚乱状態を呈しており，学習者にとっては一見多くの選択肢が与えられているように見え

ます。しかしじつのところ、方法論が乱立した状態で、いったいどれが正しいのか、どれが自分に合った学習法なのか、迷ってしまう方も多いのではないでしょうか。

これは、健康法の乱立状態と似ています。たとえば朝食です。昔は「朝食をしっかり摂るのが健康の秘訣」と言われていましたが、最近ではむしろ朝食を抜いたほうが体に良いという説が勢いを増しています。いったいどちらが正しいのでしょうか？　要は、それぞれの説で研究結果にばらつきがあるのでしょうし、年齢や体質によっても異なるので、一概にどちらが正しいとは言えないということでしょう。

ちなみに私は基本的に「朝食抜き」派ですが、過去10年以上大きな病気にかかったことはありません。しかし私の友人の一人は、朝ちゃんと食べないと力が出ないと言います。結局、あまたある健康法のなかで、自分に合ったものを見つけるしかないわけです。

英語学習法にも同じことが言えます。世間ではすでにすたれてしまったメソッドでも、第二言語習得の分野でその効果を認める論者もいます。昔の方法も含め、これまでに提示されたさまざまな方法のなかから、自分に合ったメソッドにたどりつけるかどうかが鍵となります。

❖「これだけやればOK」という学習法はない

また、専門家の意見を鵜呑みにしないほうがいいこともあります。その道の第一人者とみなされている人が言うことであっても、実態とズレていることがままあるからです。たとえば先に挙げたオーディオ・リンガル・メソッド（以下ALM）にしても、いまでは多くの専門家がその効果に疑義を唱えていますが、高い英語力を身につけた人のなかには、学習段階の初期にこれをやった人が一定数いるのです。

じっさい,私はロンドン留学中に,ALMをやって英語力を伸ばした人たちに会って話を聞いたことがあります。彼らは国籍はスペイン,イラン,韓国とさまざまですが,みなかなりの英語力を有し,それぞれ自国で英語講師として活躍している人たちです。学界の定説が必ずしも正しいとは言い切れないことの一例でしょう。

　もちろん,語学習得の要因を単一のメソッドに帰することはできません。ある人が一定の英語力を身につけた背景には,その人の適性や学習量,学習環境など,さまざまな要素が複合的に絡み合って存在するからです。私が会った人たちも,ALMだけで英語力を伸ばしたわけではないはずです。私自身,ALMもやりましたし,膨大な量の単語の暗記,多読・多聴など,さまざまな方法を試していまに至っています。ひるがえせば,前にも言いましたが,「これさえやればOK」という無敵の学習法など,この世には存在しないのです。

❖古典的学習法を基礎に,最新メソッドをスキマ時間に

　つまるところ,試行錯誤を通じて自分にとってのベストミックスを見出すしかない,というあたりまえの結論になります。ただ一つ言えるのは,**流行に踊らされるべきではない**ということです。最近では,「もう勉強なんかしたくない人に最適! 聞き流すだけ!」などというキャッチフレーズを掲げたリスニング教材が人気を集めています。しかし,何度も指摘した通り,大人に自然習得はほとんど望めません。

　リスニングの練習自体は悪いことではありませんが,聞き取れないとか,音はわかったけれど意味がわからない単語があれば,辞書で調べないかぎり正確な発音も語義も綴りも覚えられません。また,文法に則って構文を把握する能力がなければ,聞き取った文章を正確に理

解することも，英字新聞や小説，メールやビジネス文書など，現実の複雑な英文を読み解くこともできません。

辞書を引く，単語を覚える，文法に習熟する，正確に読解する…そう，こうした地味で体系的な学習法は，日本で従来行われてきた文法・構文・読解重視の英語教育とかなりの部分，重なっています。オーソドックスな学習法にも，それなりの根拠があるのです。

また，近ごろでは「英語を英語のまま（日本語に訳さずに）理解し，英語で考えて英語で話せるようになるべきだ」という主張も聞かれます。しかし，これは環境に制約されます。いまの私にとってのCSL同様，英語圏で生活する人にとっては，英語は「第二の言語」(ESL: English as a second language) ですから，あるていどは可能かもしれません。しかし，日本国内でこれを達成するには，かなりの困難がともなうことは，すでに指摘した通りです。

訳読にしても，2-7で述べたようにTOEIC対策などには不向きですが，複雑な文章を読みこなすさいには有効な面もあります。

くりかえしになりますが，**語学習得の基礎は古典的でオーソドックスな学習法**です。基礎があって初めて，コミュニケーション能力を伸ばすための最新メソッドが生きてくるのです。

アラフォーのみなさんには，カフェなどで基礎的・体系的な学習を地道に続けながら，**スキマ時間に最新のメソッドをいろいろ試してみる**ことをおすすめします。通勤の車内でオーディオ・リンガル・メソッド，入浴中に音読，休日にシャドーイングやディクテーションなど，気になるメソッドをどんどん試してみましょう。

↘流行りの学習法に飛びつかない！

2-10　ピッタリのテキストを求めない

❖書店に行く前に

どこの書店でも，語学教材コーナーで一番大きなスペースを占めているのは英語教材です。それだけ需要があるということでしょうが，あれだけ多種多彩なテキストが並んでいるのを見ると，このなかから自分に合ったものを選ぶのは至難の業ではないかと思えてきます。「TOEICのリスニング・スキルを伸ばしたい」など，目的がはっきりしていれば別ですが，久々に英語をやってみようという人は，たいていあのテキストの洪水に溺れてしまうのではないでしょうか。

私は仕事柄，よく知人から「英語をやろうと思うんだけど，おすすめの本は？」と聞かれます。しかし，その人の目的やレベルを詳しく知らずに，特定のテキストを推薦することはできません。私としては，「その前に，カウンセリングさせてくれる？」と言いたいところです。

みなさんも，善は急げとばかり，テキスト売場に急ぐ前に，まずは自己カウンセリング・シート（メモていどで十分です）を作成してみましょう。あなたの英語学習の目的は何なのか，現在の英語力のレベルはどれくらいか，最終目標はどのあたりか，を書き出してみます。

テキスト購入のための自己カウンセリング・シート（例）

- ■レベル：初級。たぶん中学レベルあたりからアヤしい。大学卒業以来，英語にはほとんど取り組んでこなかった。
- ■なぜいま英語を学びたいのか：キャリアアップのため。勤め先で今後，海外との取引が拡大しそうなので，いまのうちにレベルアップしておきたい。
- ■最終目標：英語でこみいった商談（メールでも，対面でも）ができるようになりたい。

たいていのテキストには,「初級編」「上級編」などとレベルが明記してあります。目的や目標に関しては,「TOEIC対策」「ビジネス」「旅行」「移住」等々,自分がシートに記入したキーワードと,店頭のテキストのタイトルとを照らし合わせてみましょう。あらかじめメモしてから書店に行く。ちょっとしたことですが,これだけでだいぶ目的意識が明確になり,絞りこめるはずです。

❖1冊目でベストマッチはむずかしい

そこからさらに,自分の目的や目標をつきつめていくと,選択肢はいっそう狭まるはずです。ビジネス英語を磨きたい方なら,「英文メールをすらすら書けるようになりたい」,「英語でプレゼンができるようになりたい」,「外国人相手に対面で交渉ができるくらいの会話力をつけたい」など,より具体的な到達点を思い描いてみましょう。そうすれば求めるテキストも明確になってきます。

レベルについては,じっさいにテキストを手にとってみて判断します。2-7で触れた「7割既知語」のめやすを思い出してください。最初の課をざっと見て,すぐ意味がわかる単語が全体の7割近くあれば,そのテキストはあなたのレベルに合っていると言えます。

しかし,こうやって絞りこんだテキストが,いざ学習を始めてみたらあまり合わなかった,ということもありえます。これはプロの英語講師でも同じです。私も講師時代,採用したテキストが期待していたほど使いやすくなかった,ということが何度かありました。

最初の1冊があなたにベストマッチのテキストである可能性は,かなり低いでしょう。なので,あるていどのムダは覚悟してください。とはいえ,5冊も6冊も買うようなことにはなりませんので,ご安心

を。次に買うときは、前の1冊を参考にできるからです。「いくらなんでもやさしすぎた」とか、「もう少し例文が多いといいのに」など、買ったテキストをベースにして、自分が求めるテキストのイメージをブラッシュアップしていきましょう。

❖まずは「1冊完遂」を目標に

テキストにせよ、リスニング教材にせよ、自分に合わないと思ったら、迷わず次を探しましょう。とくに、語彙がむずかしすぎるとか、文法の解説で出てくる用語が全然理解できないなど、レベルの点で合わないものは、がまんして使っていても学習の妨げにこそなれ、プラスにはなりません。

しかし、「ピッタリのテキスト」を求めて、次から次へと教材を買い替えるのは問題です。学習法と同様に、ある人のレベルや目的とまったくズレのない、100%ピッタリのテキストなどというものはありえないからです。テキストにあれこれケチをつける人は、往々にして心の底では勉強自体をイヤがっているものです。レベルが合わない場合を除いて、まずは1冊を辛抱強く完遂してみましょう。2-7でお話ししたように、学ぶ順序は必ずしもテキスト通りでなくてかまいません。途中で放り出すことのないよう、とっつきやすいところ、理解できるところから始めて、徐々にむずかしい課に進むようにしましょう。

なお、リスニング教材に関しては、合わないと思ったら読解用教材にしてしまいましょう。スピードが速すぎるとか、内容がむずかしすぎるなど、自分のレベルや目的に合っていないと感じたら、付属のスクリプトと和訳を読み物として使うのです。リスニング教材はふつう話し言葉をベースにしていますから、スクリプトを音読すればスピー

キングの練習にもなります。

　そもそも，リスニングの練習は往々にして「聞くだけ」に終わりがちです。聞いて意味がわかると満足してしまい，内容の精査まではしないものです。せっかくスクリプトと和訳がついているのですから，語彙や使えそうな言い回しの勉強に使わない手はありません。

☛「ピッタリ幻想」は捨てよう！

Chapter 3

「しない」英語の習い方

～スクール，レッスン，講師の選択～

3-1　いきなりネイティブから習わない

❖ **「ネイティブ＝プロの講師」ではない**

　社会人が英語を習うとなると，たいていは英語・英会話スクールか，TOEICなどの資格特化型のスクールに通うことになります。しかし私の考えでは残念ながら，**大手有名校を含め，アラフォーの方々におすすめできるスクールはほとんどありません。**

　多くのスクールは，基本的にネイティブ・スピーカーである外国人講師（以下，ネイティブ講師と略します）が，英語だけでレッスンをすることを売りにしています。一方，TOEIC特化型スクールは，その名の通りTOEICのスコアアップだけを目的としています。そしてじつはいずれも，仕事などで英語を日常的に使っている人，もしくは基礎が十分できている中・上級レベル以上の人でないと，負担が大きすぎてたいがい長続きしないのです。

　まずネイティブ講師が教える英会話スクールについて考えてみましょう。そもそも，英語学習から20年も遠ざかっていたアラフォーが，いきなり英語オンリーのレッスンを受けたらどうなるでしょうか。おそらく，ちんぷんかんぷんのまま所定時間が過ぎ，わからないところを質問することさえできずに（というより，自分で何がわからないのかを明確にすることもできずに）終わるでしょう。自信をなくして学習への意欲も減退しかねません。過酷ですが，これが現実です。

　日本では「ネイティブ信仰」が根強く，「外国人講師に教わっていればいずれは話せるようになる」と思いこんでいる人が少なくありません。しかし，**ネイティブ・スピーカーであるからといって，英語を教える十分なスキルを持っているとはかぎりません。**とくに全国展開

している大手のスクールは,そのぶん講師を大勢揃えなければならないため,講師としての質を問う余裕がありません。極端な話,ネイティブなら誰でもいいというスクールさえあります。

また,経験を積んだネイティブ講師でも,全員が英語の文法を日本人にしっかりと納得させるほどの教授テクニックを持っているわけではありません。自分の母語の体系や法則を,その言語を母語としない外国人に説明するのは,そう簡単なことではないのです。ふつうの人は母語を自然習得するため,体系や法則を意識した経験があまりないからです。

たとえば,日本語の助詞の使い分けがその好例です。「私**が**けんたっきぃです」という文と,「私**は**けんたっきぃです」という文は,助詞1文字しか違いませんが,意味するところが微妙に異なります。この違いについて,日本語の知識のない外国人から問われたとき,十分に説得的な説明をするのは意外にむずかしいものです。

この点で,**日本人学習者に向いているのは,むしろ同じ日本人の英語講師**だと言えます。英語を外国語として身につけた経験上,言語の体系や法則,日本語との相違点に意識的で,それを他人に説明することができるからです。もちろん,すべての日本人講師がそれに長けているとはかぎりませんから,講師選びは慎重に(詳しくは3-3で述べます)。

❖ネイティブに習うのは,基礎を押さえてからに

そんなわけで,初級の方は,英会話スクールに通うなら,できれば「ネイティブ講師だけ」ではなく,日本人講師もいるスクールを選びましょう。

ただし,留学や海外勤務などの経験があって,帰国後だいぶなまっ

てしまったので，コミュニケーション能力を鍛えなおしたい，というような場合は，ネイティブに習っても問題ないでしょう。ひるがえせば，ネイティブ講師のレッスンによる効果が期待できるのは，英語を体系的に教わる必要のない人だけと言っても過言ではないのです。レッスン外の時間で猛烈に勉強すれば，やがてはネイティブ講師とも会話ができるようになるかもしれません。しかし，そこまで英語学習に時間とお金をつぎこむ余裕のある方は，そうはいないはずです。かぎられた時間とお金で，少しでも効率的な英語学習をしたいアラフォーにとって，ネイティブ講師はハイリスク・ローリターンなのです。

　ネイティブに習うなら，独学もしくは日本人講師のレッスンで体系的に学び，一通りの基礎をしっかり積んでからにしましょう。最近はスカイプなどのネット電話を使い，格安の料金で英会話のレッスンを受けられるサービスもありますが，これについても事情は同じです。

❖ どこで習うにせよ，自習は必須

　一方，TOEIC 特化スクールの多くは，日本人講師が教えています。しかしほとんどの講座が，**基礎ができていることが前提**になっています。そのうえ集団授業ですから，個々の学習者のレベルに配慮したり，細かいニーズに応えてはくれません。

　しかも，目的はもっぱら TOEIC 試験対策ですので，英語の総合的な力を伸ばしたい人にはあまり向きません。

　私としては，アラフォーのみなさんに，**スクールに通う前にひとまず独学でやってみる**ことをおすすめします。そもそも，日本人講師に教わるにしても，週1回・1時間習うだけでは英語力は伸びません。どうしても基礎固めのための独学は必要です。基礎があってこそ，会

話の練習やTOEIC対策が生きてくるのです。

　語学教室をやっていたころも，レッスンに通うだけで満足してしまって，それ以外の自習は一切やらないという生徒さんが少なからずいました。毎日忙しいなかを，週1回教室に通うだけでもたいへんでしょうし，少なからぬお金を払って通っているのですから，「レッスンだけで何とかなってほしい」と思うのもわかります。しかし，講師の立場からしても，週1回のレッスンでできることには限界があります。学習者自身の毎日の努力がなければ，レッスンだけではいかんともしがたいのです。

　しかも，ここまで述べたように，アラフォーの英語学習は1日1時間ていどでかまいません。毎日学習するというリズムができれば，必ずしもスクールに通わなくても英語力はアップしていくはずです。「ネイティブ講師」「TOEIC スコア保証」などの言葉に踊らされず，まずはこつこつ，楽しく，基礎力をつけてください。そのうえで経済的・時間的に余裕があれば，スクールに通うのもよいでしょう。ただしその場合も，毎日の自習時間はキープしましょう。

☛ネイティブに習う前に基本の復習を！

3-2　グループレッスンを受けない

❖グループレッスンとプライベートレッスンの違い

　独学だとどうしても怠けてしまう，スクールに通うことで強制的に勉強する環境を作りたい，という方もいらっしゃることでしょう。その場合は，前節で述べたように日本語講師がいるスクールをおすすめします。そのほか，カウンセラーの評判や，個別カリキュラムの評価も，スクール選びの重要なポイントになります。スカイプによる遠隔レッスンは，気軽に始められる反面，「強制的にでも勉強する環境を作る」という意味ではあまり役に立ちません。

　スクールが決まったら，レッスンの形態にも注意しましょう。2人以上の受講者で受けるグループレッスンか，マンツーマンのプライベートレッスンか。両方設けているスクールもあれば，すべてのレッスンがマンツーマンであることを売りにしているスクールもあります。なかには「セミプライベート」などと称して，2～3名までのクラスを別に設けているスクールもありますが，ここではマンツーマン以外（つまり2人以上）はすべてグループレッスンとして話を進めます。

　グループとプライベートの最大の違いは受講料金です。当然ながらマンツーマンのほうが割高です。スクールによって異なりますが，だいたい1.5～3倍ほども金額に開きがあるようです。

　次に，いつレッスンを受けられるかも，グループとプライベートでは違ってきます。グループの場合，レッスンの日時はあらかじめ決まっていて，そのなかから自分が受講できる日時を選ぶことになります。これに対してプライベートレッスンでは，自分の都合を告げて，スクール側が教室や講師の空き状況と調整しながら予約を入れてくれま

す。完全に自分都合というわけにはいきませんが，少なくとも受講者優先のシステムです。

そのほか，グループレッスンでは講師もカリキュラムも教材も，すべてスクール側のお膳立てに従います。プライベートなら，少なくとも講師は自分で厳選することができます。

❖グループレッスンはあなたに合わせてはくれない

さて，どちらがアラフォー世代の英語学習者に向いているかといえば，私としては断然プライベートレッスンをおすすめします。独学では学習の継続がむずかしいから，ペースやリズムを作るところから専門家のサポートを受けたい，というのがスクールに通う目的なのであれば，グループレッスンは不向きです。

グループレッスンの最大の問題は，進度について融通がきかないことです。レベル別のクラスであっても，必ずしも全員の習熟度が均一ではありませんから，だれかしらついていけない人が出てきます。しかし，講師はそういう人に合わせてはくれず，自分で決めた通りに授業を進めるでしょう。レッスン時間内に十分に理解できない箇所があっても，わかるまで何度も質問するというようなことができないのです。そもそも「レベル分け」といっても，人によって微細な違いがありますから，それを無視してひとまとめに教えるのは，たとえ受講者が2人であってもむずかしいのです。

英語学習が久々で，学校・学生時代に学んだことのおさらいから始めなければならないアラフォーにとって，グループレッスンは最終的に「安かろう，悪かろう」ということになりかねません。わからないところがあれば遠慮なく質問することができ，わかるまでつきあって

くれるプライベートレッスンを選ぶべきです。

　私も、かつて経営していた語学教室で、最終的には完全プライベート制に移行しました。最初はグループレッスンもやっていたのですが、やはりマンツーマンでないと、個々の生徒さんの細かいニーズを汲むことができないとわかったからです。経営のことだけを考えれば、たしかにマンツーマンは利益率が低いですし、生徒数と同じ数だけレッスンのバリエーションを揃えなければならないので負担も増えました。しかし、顧客満足度は確実にアップしたと思います。

　また、大手スクールのなかには、自社の利益率重視でグループレッスンの受講を強くすすめてくるところもあります。スクール側の言うことを鵜呑みにせず、講師やレッスン選びではあくまで自分本位に徹しましょう。

❖通うなら「キャンセル厳禁」くらいのつもりで

　当然ながらスケジュールに関しても、忙しいアラフォーには自由度の高いプライベートレッスンのほうが向いているでしょう。ただ、いつでも好きなときに受講できる、予約の変更もいたって簡単となると、人によってはゆるすぎて問題かもしれません。「仕事で行けなくなった」「今日は疲れたから」などとキャンセルしてばかりで、気がつけば今月は一度もレッスンを受けなかった…などということにもなりかねません。スクールに通うなら、自分に「キャンセル厳禁」を課すくらいの心構えがほしいところです。

　前節でお話ししたように、私はアラフォーの英語学習の基礎はあくまで**独学**であり、かつ、独学でも「アラフォーなりの実力」は十分につけられると考えています。本書をお読みいただいて、独学を続ける

ことにどうしても自信が持てない方は，経済的にかなり余裕がおありなら，質の高いスクールで，腕の立つ日本人講師によるプライベートレッスンを受講していただきたいと思います。受講料金の安さだけに惹かれて，「とりあえずグループで受けてみよう」というのは，長い目で見ればお金と時間の浪費にもなりかねませんので，くれぐれもご注意ください。

👆料金だけで選ばない！

3-3　「自分に合う講師」を探さない

❖「体験レッスン」ではわからない

　英語・英会話スクールのプライベートレッスンでは，教える側にも決まったマニュアルがあるわけではありません。講師が生徒の実力や特性を的確に見きわめ，その人に合ったレッスンができるかどうかが鍵となります。習う側としては，できるだけ質の高い講師に当たりたいと願うのは当然です。

　しかし，いかに経験豊富でティーチングのスキルが高い講師であっても，1人の生徒を深く理解するには，あるていど時間がかかります。レベル・習熟度，得手不得手，適した学習スタイルなど，個々の生徒のすべてを初めから完璧に把握するなどということは，どれほど力のある講師であっても不可能です。

　講師の力量を見きわめようと，スクールが無料で提供する「体験レッスン」を受ける方も多いと思います。講師時代，私が一番むずかしいと感じていたのがこの体験レッスンです。その人のことをほとんど知らないわけですから，手探りでレッスンをするしかなく，満足してもらうのは至難の業です。体験者も納得がいっていないことが，終わったときの様子からありありとわかります。体験レッスン後，音沙汰なしということもしばしばありました。

　自分の力量不足を棚に上げるつもりはないのですが，体験レッスンという発想そのものに，かなりムリがあるように思います。入学前に「お試し」をしてもらうとすれば，入念なカウンセリング，それも1回きりではなく，できれば2, 3回にわたり面談することでしょう。

　多くのスクールでは，「カウンセラーによる面談➡講師による体験

レッスン」というコースを用意しているようです。しかし，生徒さんがほんとうに望むのは，じっさいに習うことになる講師に直接相談することではないでしょうか。目当てのスクールが決まったら，電話で**「日本人講師が，カウンセリングからレッスンまでマンツーマンでうけもってくれるかどうか」**を問い合わせてみましょう（残念ながら，現実にはそういうスクールはあまりないと思いますが）。

❖学習とは本来，能動的・自主的なもの

　講師はレッスンの回を重ねるごとに，少しずつ生徒のことを把握していきます。そしていろいろ試すなかで，その生徒さんに合う教え方なり，教材なりを見出していきます。事前に十分なカウンセリングをすることで，その過程がスムーズになるでしょう。

　つまりレッスンは，講師と生徒の共同作業です。教わる側も，講師が自分に合わせてくれるのをひたすら受け身で待つのではなく，ときには講師の考えや手法に合わせる姿勢が求められます。お金を払って通うとなると，人はどうしても消費者目線に偏りがちです。しかし，学習とは本来，能動的・自主的なものです。「払った額に見合うだけのサービスを提供してもらわなければ」と思うあまり，自分からは動こうとしなければ，力はつきません。

　講師やレッスン内容についてしょっちゅう不満を言ってばかりいる人は，往々にしてそもそも勉強する気のない人です。「講師が自分の気に入るようなレッスンをしてくれないから，勉強する気が起きない」というのは，他力本願のいいわけにすぎません。

　学習法や教材と同様，「自分にピッタリの講師」もまた幻想です。講師に要求できるのは，大局的には①学習の方向性に関するアドバイ

ス，②英語スキルの伝授，の二つだけです。あなたの細々した性向や好みを勘案してくれるわけではないこと，場合によっては上記の二つに関してもズレが生じる可能性があることを肝に銘じましょう。

❖「ダメ講師」の見分け方

　くりかえしになりますが，短時間のカウンセリングや体験レッスンだけで，講師の良し悪しを見きわめるのはきわめてむずかしいことです。多少なりと客観的な判断基準としては，前述のTESOL（英語教授法）があります。なかには講師の採用時にTESOLを必須とするスクールもありますので，事前に問い合わせてみるのも一つの手でしょう。

　しかし，たとえTESOLを修めていても，「日本人に英語を教える十分な力量があるかどうか」など，一度や二度会っただけではわかりません。もっと言えば，TESOLを修了しているからといって「良い講師」である保証はありません。なので，あまり肩肘はらずに，話してみた印象や気持ちで判断するのも一つの手です。「人柄に好感が持てるか」「気が合うか」「苦手や欠点に対して寛容で，その克服に力を貸してくれそうか」など，何かしら感じるはずです。そうした直感的な印象が，意外に的を射ていたりします。

　そして，何より重要なのが，**ナルシスト講師**でないかどうかです。人格も経験も備えたアラフォー世代の英語学習では，主役はあくまで学習者本人であり，講師はそのサポート役にすぎません。つまり良い講師とは，学習者が1人でも勉強できるように導ける人のことです。

　ところが，責任感の強い講師ほど，ついつい教えすぎてしまうものです。何から何まで，手とり足とり教えこみ，「今日はいいレッスンができた」などと悦に入るのは，講師の自己満足でしかありません。

ほんとうに生徒のためになるのは、生徒自身が考え、教室を出たあとも独学できるようにする教え方です。

ネイティブ講師は、この点でもあまり期待できません。熱心な人ほど、「生きた英語」をできるだけ聞かせよう、英語圏の文化を理解させようというので、レッスンの間じゅうしゃべりまくるからです。なかには、生徒がついてこれないような複雑な時事問題について「演説」をぶつ講師もいます。これでは、生徒は完全な聞き役になってしまい、一向に話せるようになりません。これは日本人講師でも同じで、やたら話しまくったり、あまり懇切ていねいに教える人は、いくら熱意があろうとダメ講師の可能性があります。体験レッスンやカウンセリングでは、この点をよく見きわめましょう。

❖とにかく通ってみる

カウンセリングや体験レッスンで、スクールや講師についてまずまずの印象を得たなら、多少のことには目をつぶりましょう。そうしないと、「体験レッスンのハシゴ」をするはめになり、いつまでたっても始められません。

さしあたり2, 3か月ほど受講してみて、どうしても肌に合わなければ、講師にせよスクールにせよ、替えればいいのです。その意味では月謝制のスクールのほうが安全ですが、最近は半年とか1年分を一括もしくはクレジット分割で支払わせるスクールが多いようです。しかしまともなスクールなら、消費者保護の法律を遵守し、たとえ中途解約をしてもレッスン単価で精算してくれるはずです。

ちなみに、お金のことで言えば、「教育訓練給付制度」の適用が可能かどうかも、スクール選びのポイントの一つとなります。実用英語

技能検定（英検）がこの制度の指定講座となっているため，大手スクールのなかには適用プランを用意しているところがけっこうあるのです。一つの会社や団体に3年以上勤めていた（＝3年以上にわたり雇用保険の被保険者だった）ことがある人なら，受講料の一部を国が負担してくれる可能性があります。ただし，この場合，全課程を修了することが最低条件となるので，途中解約すると一部金がもらえませんから注意が必要です。

　なおこの制度は，法律改正などによって指定講座が拡充・削減されることもあるので，厚労省のサイトをまめにチェックしてみてください（「教育訓練給付制度　厚労省」などと検索すると，現時点での指定講座がわかります）。

☛ナルシスト講師にご用心！

コラム▶▶▶英語圏暮らし7年・アラフォー男の体験談 ⑥

あるレッスンプロの教え

　良き講師とは，教室外で生徒が自立する手助けができる人のこと。私がこう考えるようになった一つのきっかけは，英語とはぜんぜん関係ありませんが，ゴルフでした。

　「プロゴルファー」といえば，多くの人は「ツアーに出場して賞金を稼ぐ選手」をイメージします。しかし，教えること専業で，競技には出ない人も，ゴルフの世界では長らく「プロゴルファー」と称され，資格認定も区別がありませんでした。近年では後者を「ティーチングプロ」「レッスンプロ」などと呼んで競技選手と区別し，プロテストも別々に行うようになりつつあります。

　私は19歳のとき，あるレッスンプロにゴルフを教わりました。その指導はじつに的確で，まさにプロ中のプロでした。彼は，ひととおり基本を教えた後は徹底した放任主義をとりました。ふつうなら「体の軸がぶれたよ」とか，ちょっとした助言を与えてしかるべきときでさえ，あえて見て見ぬふりをします。そうすることで，うまくいかないときも，指導者にすぐ頼らず，まず自分で考えるクセをつけさせたのです。そして，試行錯誤のすえに，いよいよできないとなると，すぐに助け舟を出してくれました。

　まず自分で考える——単純ですが，この習慣があればこそ，その後に受けたアドバイスが生きてきます。はなから一方的にこうしなさい，ああしなさいと指示されてばかりだと，そのときはうまくできても定着はしませんし，失敗したときに自分で修正する力もつかないのです。

　レッスン修了後もゴルフを続けていますが，いまもうまくいかないときにはそのときの原点に立ちもどります。つまり，「自分で考えた経験＋師のアドバイス」を思い出して，慌てず，焦らず，軌道修正するのです。これはいまのところかなりうまくいっています。

　あのレッスンプロは私に，ゴルフのトレーニングを通じて，「教室を巣立った後も生徒が自分で修正できる力を身につけさせること」の大切さを教えてくれたのだと思います。

3-4　大金をはたかない

❖ハンコをつく前に

　本気で英語をやりなおしてみようと思い立ち，あれこれテキストを買いあさって着手してみたが，どれも途中で挫折。そこで，このさい強制的な環境に身を置こうと，とりあえず有名スクールの無料体験コースを予約。行ってみると，親切そうなカウンセラーさんが待ちかまえている。「選りすぐりのネイティブ講師陣」「あなたのライフスタイルに合わせて選べるフレキシブルな予約システム」「充実の留学プラン」「TOEIC ハイスコア保証」…魅惑のメニューを次々と提示され，小一時間も経つころにはすっかりその気に。ここで断ることもできるが，結局1人では勉強できなかったのだから，このさい力を借りよう。「え～い」とばかり，半年あるいは1年の受講契約書に捺印…。

　人はこうして，大枚ウン十万をやすやすと英会話スクールにはたいてしまうのです。まちがえないようにしましょう。**英会話産業は商売**であり，とりわけ大手スクールの最大の関心は，あなたの英語力向上ではなく，あなたからいかにお金を取れるかにあります。個々の講師やカウンセラーがどれほど善良で，どれほど親身になってくれたとしても，「ウン十万の投資に見合う成果」が出なかった場合，スクール側は責任をとってはくれません。最終的にすべては「自己責任」であり，受講者しだいなのです。

　語学教室を経営していた私が言うのもナンですが，高額の契約書にハンコをつく前に，数日でもいいので冷却期間を置くことを強くおすすめします。スクールやコースにもよりますが，半年，1年の長期契約となると数十万円，ときには100万円を超えることもあります。は

たして元はとれるでしょうか？ いまはヤル気満々でも，半年後，1年後にどうなっているかはだれにも予測できません。思うような成果が上がらず，途中でイヤになるかもしれません。転勤で通えなくなるかもしれません。高額さと受講期間の長さを，あなたのこれまでの独学（挫折）体験やライフスタイルと照らしあわせて，よくよく吟味すべきです。

私が経営していた語学教室は月謝制でしたので，アラフォーの生徒さんが急な転勤で退校されるような場合も，月ごとの精算で対応できました。異動，転勤，転職，結婚，子育て，親の介護などなど，人生の転機を迎える可能性の高いアラフォー世代にとって，半年以上の長期契約は重い足かせになりかねません。

また，たとえハンコをついてしまった後でも，契約書の日付から8日以内であればクーリングオフが可能です。はやばやとお金を納めてしまっていても，簡易書留か配達証明付内容証明で契約解除の旨を書面で送れば，違約金をとられずに全額とりもどすことができます。

❖スクールに過度な期待をしない

私が担当した生徒さんのなかにも，高額な受講料を払って後悔したという人がいました。彼は私の教室に入る前，100万円以上もの受講料を払って大手スクールに通ったのですが，期待したほど話せるようにはならず，別のスクール（私の教室）に入りなおしたのです。払う側からすれば，英会話産業に受講料を二重取りされたような気分だったでしょう。

「英語ができるようになりたい」という思いが強い人ほど，自分の実力への不満や焦りから冷静さを失い，「お金で何とかなるなら」と

大金をはたいてしまいがちです。しかし，**英語力はお金では買えません**。規定の受講料さえ払えば，スクールが自動的に英語力を授けてくれるわけではないのです。100万円かけようが，1万円ですませようが，自主的に学ぶ姿勢がなければ上達しない点では同じです。

前にも述べましたが，スクールに通うにしても，生徒自身の自主的な学習姿勢が不可欠です。スクール側と同じように，自分を単なる「お客」だと思ってしまうと，受け身の姿勢から脱することができません。スクールは講師同様，あくまでサポート役であり，あなたの独学にプラスアルファを与えてくれる装置のようなものと考えましょう。

❖「いいお客様」で終わらない

本書は「大人の英語学習は1人でもできる」というスタンスではありますが，あえてスクール通学を選択する方には，「**従順な客になるなかれ，貪欲な学習者になるべし**」と申し上げたいと思います。世の英語・英会話スクール，なかでも大手は，かなりドライに，自分たちのやっていることをビジネスと割り切っているように見えます。本来ならば教育事業であるべきはずなのですが，英語習得の需要が高まるにつれて市場が拡大し，語学がビジネス化してしまったのです。私が以前勤めたことのある大手スクールの社長も，「英会話はビジネスだ！」と公言してはばかりませんでした。

その後，自分で語学教室を経営するにあたり，私には大手のようなやり方はできないし，したくないと考えました。営利事業であるかぎり，採算や収益を度外視することはできません。しかし，英語を教えることの「教育としての部分」を，つねに忘れないよう心がけたつもりです。

ビジネスに徹すると、「お客様は神様」となりますから、客＝生徒がいやがることを避け、喜ぶことをしがちになります。自主性を要求したり、厳しい助言をしたりしない、やさしくて懇切ていねいな講師。エンタメ性の高い楽しいレッスンや課外イベント。こういう「顧客本位のサービス」は、短期的には学習意欲の促進に役立つかもしれません。しかし、これらによって、生徒が教室を出た後も自力で勉強する気になるかといえば、はなはだあやしいと言わざるをえません。

　たとえばあなたの周囲に、ビジネスライクな大手英会話スクールに大金をはたいて、半年か1年間、受動的にレッスンを受けた結果、英語がモノになったという人はどれくらいいるでしょうか？　スクール側はそういう「成功者」の体験談をたくさん掲げて勧誘するでしょう。しかし、それも企業のPR戦略にすぎないかもしれないのです。

　せっかく通うなら、スクール側の甘言を鵜呑みにするだけの「いいお客様」でいるのはもったいないです。高いお金を払っているのですから、教室外の自習をよりよくするためのアドバイスを請うなど、可能なサービスを遠慮せずどんどん引き出しましょう。大手スクールの場合、「当社のシステム上、それはできません」など、紋切り型の対応しかしてくれないかもしれませんが、それで引きさがってはいけません。少しあつかましいかな、というくらいの気持ちで、スクールの財産（講師のスキル、各種の情報など）を貪欲に吸収しましょう。

▶英語力はお金で買えない！

3-5　チケット制を選ばない

❖一見便利なようで，危険なシステム

　ふつうの英語・英会話スクールでは，月謝制や，半年もしくは1年分の前納制の場合，基本的にレッスンの総時間数と期間中のスケジュールがあらかじめ決まっています。自分が受講できるプランのなかから，「月曜は朝，木曜は夜の時間帯で，週に計2回」など，自分に合ったサイクルで通学スケジュールを組むわけです。予定が変わって行けなくなった場合，キャンセルや振り替えができますが，キャンセルするとその分の受講料は戻ってきません。

　これに対してチケット制（「ポイント制」とも呼ばれる）は，事前にチケットの綴りを購入し，行きたいときに予約を入れて，1回受講するごとにチケットを規定の枚数（グループレッスンなら1枚，マンツーマンなら3枚など）渡すというシステムです。前払いである点，半年もしくは1年間など有効期限がある点では，上記の一括払いと変わりません。

　しかし，好きなとき・都合のよいときに受けられますから，受講料がムダになるリスクが減らせます。あらかじめ決められた通学スケジュールに縛られずにすむチケット制は，なかなか定時に帰れない社会人にとって魅力的なシステムのように見えます。急な仕事で行けなくなった日も，電話で予約をキャンセルすればよく，その日の受講料はかかりません。

　ところがじつは，**アラフォー世代の英語学習者にとって，チケット制はかなり危険なシロモノ**です。まず，その融通性がアダになりがちです。前にも述べましたが，「いつでも好きなときに受けられる」は，

「いまでなくてもいい」とほぼ同義なのです。「今日は忙しいから明日にしよう」とか,「この仕事が一段落してから」などと言っているうちに,気づけば有効期限も残り少なくなり,結局買った分を消化できなかった,ということにもなりかねません。

❖「いつでも好きなときに受けられる」はまやかし

「チケット制なら,いつでもあなたの好きなとき,都合のよいときに受けられます」と言われたら,アラフォーのみなさんはどんな通学スケジュールを希望するでしょうか。仕事やプライベートを犠牲にしなくてすむよう,できればスキマ時間を充てたいですよね。すると,会社帰りの平日夜8時ごろとか,土日の日中ということになるのではないでしょうか。

ほかの人たちも,同じように考えます。「ビジネス英会話」など,社会人向けのレッスンのほとんどは,平日の夜か土日に設定されています。つまりこの時間帯は,アラフォーを含めた社会人に最も人気の高い枠だということです。当然ながら競争率も高く,つねに予約ができるとはかぎりません。「今日は仕事が早めに終わったから,帰りにレッスンを受けよう」と思っても,たいてい満席です。「当日予約もOK」というスクールの謳い文句は,現実に即していないと言わざるをえません。

そもそも「当日予約も OK」というのは,かりに可能だったとしても,レッスンの内容面で疑問を感じます。教える側からすると,レッスン時間直前になって「いまから行きます！」と言われても,準備不足で質の高いレッスンを提供することはできません。この点,大手スクールは,「ネイティブ講師とのおしゃべり」や,パターン化された

規格型レッスンなど，準備のいらない内容でお茶を濁しているように思えてなりません。

　「毎日忙しいから，当日予約・当日キャンセルができないのは困る」という人は，そもそも習い事ができる環境にないと言えます。そこまで多忙な人は，あらかじめ買ったチケットを最後まで消化できない可能性が高いでしょう。

❖ボリューム・ディスカウントの落とし穴

　チケット制は，お金の面でもむしろリスクが高いと言えます。大手スクールの多くでは，入学時に100枚，200枚などまとまった枚数を買うと回数券のように割引が適用され，1回あたりの受講料が安くなるように設定されています。いわゆるボリューム・ディスカウント制です。一度にたくさん買えば買うほどおトクになるので，一見すると受講者にやさしいシステムに思えます。しかし，ほんとうに受講者のためになるかというと，はなはだ疑問です。

　たとえば有効期限1年間のチケットを100枚買ったとします。週に最低2回受講するようにすれば，1年でなんとか消化できるでしょう。しかし，現実にはこれがきわめてむずかしいことは，さきほど述べた通りです。人は「いつでもいい」となると，なかなか腰が上がらないものです。それに，人気の時間帯は予約がとりづらいですから，行きそびれているうちに有効期限が迫ってきてしまいます。

　消化できなかったチケットの代金はどうなるでしょうか。消費者保護の観点からすれば，残った分の全額を払い戻してほしいところですが，現実にはそうはいきません。チケット制にかぎらず，半年や1年の長期契約でもそうですが，途中で辞める場合は違約金が差し引かれ

ます。以前は、スクールが解約に応じないとか、よくて半額しか返金しないなど、あくどい対応をして受講者とモメることもめずらしくありませんでした。有名なのが、「お茶の間留学」で名を馳せた倒産前のNOVA（会社名：ノヴァ）のケースです。事前説明と異なり、じっさいには予約がぜんぜんとれない、解約時に不透明な計算をして少額しか返金しないなど、NOVAにはまさにチケット制のリスクが集約されていました。トラブル・訴訟が相次ぎ、最終的にノヴァは経営破綻にまで追いこまれます。受講料を前払いしたり、大量のチケットを買っていた大勢の受講者が、いまだにお金をとりもどせずにいます。

この「NOVA事件」を機に、消費者保護の原則がいっそうクローズアップされ、スクール側もあまりあくどいことはできなくなったと言えるでしょう。

チケット制にせよ、長期一括払いにせよ、ノヴァのように会社がつぶれてしまえば受講者は大損をこうむります。また、途中でイヤになった、通えなくなったといった自己理由の場合も、数万円の規模で違約金をとられます。こう考えてくると、英会話スクールへの通学は、リスクばかり高くてリターンの読めない、危険な賭けのように思えてきませんか？

❖目先のおトク感にまどわされない

忙しいアラフォー世代の耳に、「いつでも好きなときにレッスンを受けられる」という謳い文句はたしかに魅力的に響きます。しかし、チケット制にはこのように落とし穴がいろいろあります。人気の時間帯は競争率が高いので、コンスタントに通うためには早めに予約しなければならず、結局は事前に通学スケジュールを組むのと変わりませ

ん。スケジュールに沿ってきちんきちんと通学できる人なら，学習の規則性の点では，チケット制でなく長期一括払いのほうがまだいいでしょう。

　もしどうしてもチケット制にしたいなら，目先のおトク感にまどわされず，確実に消化できる枚数だけ買うようにしましょう。前述のように，1年間で100枚はそうとうキツイです。極端な話，可能なら**最初は1枚から始めて**，慣れてきたら10枚，20枚と，少しずつ増やすようにしたほうが無難です。

　また，中・小規模のスクールのなかには，「1レッスン60分・2500円」など，毎回払いのシステムを採用しているところもあります。だれしも，いつイヤになったり，身辺の変化で通えなくなったりするかわからないのですから，ひとまずこうした毎回払いのスクールに通ってみるというのも手かもしれません。

> **MEMO▶** 中途解約のさいにスクールが差し引いてよい違約金の額は，法律で定められています。英会話スクールやエステなど，長期にわたりサービスを提供することと引き換えに高額の対価を要求する業種は，「ぼったくり」にならないよう規制の対象となっており，解約時に請求してよい額も上限が決まっているのです。語学教室の場合，1回もレッスンを受けていなければ上限は15,000円です。1回でも受講した後なら，「5万円もしくは契約残額の20%のいずれか低いほう」とされています。
>
> 　かりに1年契約で60万円前納し，半年受講した時点で辞めるとすれば，残額は半年分の30万です。その20%は6万ですから，少ないほうの5万を30万から差し引いた25万円を返してもらえるはずです。戻ってきたお金がこれより1円でも少なければ，特定商取引法違反でスクールを訴えることもできるのです。

　　　　　　　　　♠甘い誘い文句にやすやすと乗らない！

3-6　カフェ英会話をしない

❖「え〜と，え〜と」で1時間

　近年，英会話の形態も多様化し，ネット技術の発達もあいまって，通学せずとも自宅にいてレッスンが受けられるようになりました。先駆けは「お茶の間留学」のNOVAあたりでしょうが，最近はとくにスカイプによるオンライン英会話が人気です。時と場所を問わない利便性に加え，通学に比べて受講料が格段に安いのも人気の理由でしょう。そのほか，値段は高いですが個人の家庭や企業・事業所に講師を派遣してくれるサービスもあります。

　オンライン英会話が流行るまで，高い人気を博していたのが「カフェ英会話」です。ネットの紹介サイトで講師を選び，日時を決めてカフェで落ち合い，レッスンを受けます。

　料金の相場は，お茶代や講師の交通費を含めてもだいたい1時間3000〜4000円前後と，大手スクールに通うよりは安くすみます。教室の場所を確保する必要がないため，コストが下がるからです。受講者側からすると，街中のカフェでやるのでお勉強色が薄まる，友達感覚で講師と話せるなど，カジュアルさも受けたのかもしれません。

　しかし，このカフェ英会話にも，例によって欠点が多々あります。とりわけアラフォーの方々には，まったくおすすめできません。

　まず，英会話を学ぶ環境として，カフェはきわめて不適切と言わざるをえません。公共の場であるカフェで，満足なレッスンができるとは思えません。流暢に話せる同士の会話なら話は別です。しかし，かりにあなたが初級レベルで，聞く・話すが不得手だとします。そうなると会話はとぎれとぎれになり，途中で質問・回答のやりとり，発音・

発話の練習をしなければなりません（そうしないと学習になりません）。あなたは，至近距離に他人が大勢いる状況で，堂々と発音練習をしたり，恥ずかしがらずにわからないことを聞いたりすることができるでしょうか？

　結局，周囲に気兼ねして，音を出す練習は極力避けざるをえません。また音響機器やホワイトボードなど，設備面でも必要なものが揃えられませんから，できることがおのずとかぎられます。つまり，ボソボソと小声での会話が中心ということになります。それが単なるおしゃべりの域を出ないだろうことは，推して知るべしです。おしゃべりが成立すればまだましですが，表現が思い浮かばず，「え～と，え～と」などと言っていると，あっというまに時間終了です。

　留学・海外勤務経験があるなど，中・上級レベルの会話力があって，講師というより英語による話し相手を求めている方なら，カフェ英会話も悪くないでしょう。しかし，英語に久々に取り組むアラフォー学習者には適していません。

❖スピーキングが上達しない

　前にお話ししたように，私はしょっちゅうカフェで仕事をしていますので，カフェ英会話の現場にもしばしば出くわします。失礼かなとは思いつつも，仕事柄，ついつい耳をそばだててレッスンの内容に聴き入ってしまいます。その経験上，断言できます。**カフェ英会話では，英語が話せるようにはなりません**。その大半は，レッスンとは名ばかりのたわいもないおしゃべりに終始しており，何かを習う，学ぶという要素がきわめて希薄だからです。

　それに，たいていは会話の主導権を講師が握っており，生徒とのや

りとりはほとんどありません。講師が一方的にしゃべるのを、生徒は「ふん、ふん」と聞くだけです。私が目撃した講師のすべてが「ナルシスト講師」だったと言うつもりはありません。しかし、先に述べた環境面の制約も手伝って、カフェという場ではどうしても講師の独壇場になってしまうのでしょう。これでは、受講者のスピーキングの力はとうてい伸びません。

また、ここでもネイティブ講師の問題が出てきます。欧米（とくにアメリカ）では、どんなことについても自分の意見をしっかりと持ち、主張しなさい、と幼いころから教えこまれます。つまり、欧米人のネイティブ講師を選択すると、かなりの高確率で「自己主張の強い人」に当たります。講師も教室でなら、教える側としての役割に自覚的になれますが、教室感の薄いカフェとなると、そのタガがゆるんで饒舌になりがちなのではないでしょうか。衆人環視のカフェで、押しの強いネイティブ講師と対等の会話をするのは至難の業です。対等まではいかなくても、せめて3割ぐらいはこちらも話したいですが、現実には1割いけばいいところでしょう。

❖英会話講師の「資格」

「欧米人の自己主張の強さ」という、多分に私の主観がまじった見解はさておき、カフェ英会話のネイティブ講師には別の問題もあります。それは彼ら彼女らが、必ずしも講師を生業としているわけではないことです。私の狭い知見にかぎった話ですが、カフェ講師のなかには、平日は会社勤め、週末に副業として講師をやっている、という人が少なくないようです。同様の傾向が、オンライン英会話の講師にも見られます。

非正規で講師業をやることが問題なのではありません。問題は、こうした「バイト講師」の方々は、スクールに所属する講師よりも、ティーチング・スキルの評価が甘くなりがちだということです。

　そもそも、英語を母語とする外国人が日本で講師業をするさい、特定の資格や免許を求められることはありません。すでに何度か触れたTESOL（英語教授法）は、一定のコースを修めると学位が授与されますが、これも単に指定の教育機関で一定の時間数を学んだことの証明にすぎず、スクールに就職するさいにかなり有利だというだけです。

　学校の教員や弁護士、医師など、国家資格や免許がないとなれない職業と違い、英会話講師は厳しい審査を受けることがないのです。すべては採用するスクールや学校の裁量しだいです。したがって、なかにはしっかりしたティーチング・スキルを有していなくても、単に**ネイティブ・スピーカーであるというだけで講師をやっている人**も出てきてしまうわけです。

　そしてカフェ講師の場合、スクールよりもさらに、採用時の評価判断がゆるくなる傾向があると思われます。また、たとえスキルの高い講師にめぐりあえたとしても、先述の通りカフェをレッスンの場としているかぎり、上達は見こめません。

　こうして見てくると、カフェ英会話に関しては、「おしゃれなカフェで、ネイティブと親しげに会話する」というイメージだけが独り歩きしてしまった感が否めません。かぎられた時間と予算のなかで、少しでも英語の力をアップさせたいアラフォー世代にとって、得るものはきわめて少ないでしょう。

　　　　　　　　　　　　　　🔖見かけだけの「おしゃれ感」にご用心！

3-7 英会話にこだわらない

❖急がば回れ

どうせやるなら,楽しくやりたい。つらいこと,しんどいことは極力回避して,ラクに上達したい——人間だれしも,そう思うものです。ましてや学生時代の試験・受験ストレスのせいで,ひどい英語アレルギーになった人なら,地道な独学をきらって英会話に走るのもムリはないでしょう。とくに時代的に,文法・訳読中心の英語教育を受けたいまのアラフォー世代は,その傾向が強いように思います。また,アレルギーの少ない人でも,「学生時代にできなかった実戦的な会話の練習をしたい」と考えるのではないでしょうか。

しかし,ここまでたびたび自然習得の話題でご説明してきたように,「話せるようになる」というのは,決してたやすいことではありません。学生時代に覚えた単語や言い回しにしても,長く使わないうちに忘れていますし,文法規則もあいまいになっていることでしょう。また,私たちアラフォーが学生のころは,リスニングがいまほど重視されていませんでしたから,英語を「聞く」ことが苦手な人も少なくありません。

つまり,20年来英語から離れているアラフォーは,**あるていど基礎の復習をしないと,「慣れ」をとりもどせない**のです。それをせずにいきなり会話の練習に臨んでも,相手の言っていることがわからず,自分の言いたいことの十分の一も言えず,「会話」にならない可能性が高いです。

そんな状態で,スクールにしろオンラインにしろカフェにしろ,いくら会話の練習だけを続けても,話せるようにはなりません。むしろ

回を重ねるごとに，自信をなくす危険性のほうが高いでしょう。「レッスンのたびに，しどろもどろになって恥ずかしい」「講師に見下されている気がする」…そしてついには，「いつまでたっても上達しない。プライドもズタズタだし，もうやめよう」となるのです。

　一刻も早く話せるようになりたい，と焦るお気持ちは重々わかります。しかし，急がば回れです。まずはちょっとした復習から始めましょう。中学・高校レベルのテキストで，最低限の頻出単語や基礎的な文法を，1日15分おさらいするだけでもかまいません。やっているうちに，「そういえばそうだった」「たしかに授業で習った」などと，忘れていたことを思い出し，少しずつ自信がついてくるはずです。「この単語を覚えなおすことができた」「この文法事項が再確認できた」というとき，充実感が湧き上がってくるはずです。それが学ぶ喜びであり，英語学習においても最も大切なことです。

　リスニングや発音の練習は，学生時代にさほど重点的にやらなかった方も多いと思いますが，要は慣れの問題です。単語や文法，読解の学習と並行して，スキマ時間に日々コツコツ続けることで，少しずつ聞き取れるようになっていきます。

　こうした基礎をひととおり押さえてから英会話を始めても，決して遅くありません。基礎を復習せず，いきなり英会話に突入するのは，野球選手が打撃の練習をせずに試合に出て，ホームランを打とうとするのと同様，無謀な試みです。

❖アラフォーのニーズは会話だけなのか？

　私が経営していた語学教室は，「英会話教室」ではありませんでした。もちろん，会話力をアップさせたいという生徒さんもいましたが，

ほかにも英字新聞,絵本,論文が読めるようになりたいとか,基礎的な文法の総復習がしたい,ビジネス文書が書けるようになりたい,TOEICや英検に備えたいなど,じつにさまざまなニーズがありました。現役英語教員の方から,ティーチング・スキルを向上させたいのでサポートをお願いしたい,と依頼されたこともあります。生徒さんの年齢層は主に30〜40代,まさにアラフォー世代です。事前に綿密なカウンセリングをして,それぞれのニーズに合わせてカリキュラムを手作りしていくので,生徒が10人いれば10通り,100人いれば100通りのレッスンがありえました。

大人の英語学習というと,判で押したように「**ネイティブ講師との英会話**」となりがちですが,大人ならそうした先入見からも自由でありたいものです。英語学習の目的やバックグラウンド,習熟度は人それぞれですから,大手英会話スクールの画一的なレッスンは,そもそも大人には向かないのではないでしょうか。いくら「あなたに合ったレッスンをカスタムメイドします」などと宣伝していても,実態は**決まったコースの組み合わせ**にすぎません。何となく「やっぱり英会話かなあ」ていどの気持ちでは,高額なレッスン料を払わされただけで,満足できずに終わってしまいます。

英会話を始める前に,**あなたが英語を通じてほんとうにやりたいことは何なのか**,じっくり考えてみましょう。それが「ネイティブとの流暢な会話」であってもいいのですが,さきほどお話ししたように,アウトプットをするにはあるていどのインプットがどうしても必要です。

英会話の練習を通じて,新しい語彙や表現を覚えることもありますが,その数はたかが知れています。アウトプットを豊かにするために

は，多読・多聴を通じて知識・情報量を増やさなければなりません。そうしないと，どこかの時点で必ず「いつも同じ言い回ししか使えないなぁ」となるはずです。

　つまるところ，会話の上達の前段階として，地味な基礎の勉強が不可欠だということです。ただ，勉強といっても，すでにお話ししてきた通り，アラフォー世代は学生時代の試験・受験勉強からは解放されています。TOEICや英検を控えている人は別ですが，「大人として英語のスキルを上達させたい」人は，目前に迫るテストや，「正解」のプレッシャーにおびえなくてよいのです。自分のペースで，少しずつ，こつこつ，楽しく続けていって，自信がついたところで次の段階に入りましょう。基礎さえおさらいしておけば，会話，英字新聞，ビジネス文書など，あなたの最終ゴールがどこであれ，必ず役立ちます。

🔖漫然と会話の練習をしても，上達しない！

3-8　受講料を値切らない

❖「ディスカウントあたりまえ」のせちがらい世情

　「アベノミクス」の恩恵がなかなか庶民にまで届かない昨今，何につけ節約志向が働くのはいたしかたないことです。しかし，こと勉強や習い事に関して，あまりにケチケチするのはよろしくありません。目先のお金をケチって「節約できた！」と満足していても，結果的に「安かろう，悪かろう」になる可能性が高いからです。

　本来ならば，英語にしろ，ほかのあらゆる教科にしろ，国が教育全般にもっとお金を出すべきです。日本は教育機関などへの公的支出の少なさで，OECD（経済協力開発機構）の加盟国中，群を抜いています。いまのところ（2015年末現在），比較可能な約30か国中，6年連続で堂々の最下位です。OECDは別名「先進国クラブ」と呼ばれますが，これではとても先進国とは言えません。「グローバルな競争に打ち勝てる人材を増やせ」などと，教育界にハッパをかけるくせに，お金は出ししぶるのですからひどい話です。教育にお金を惜しんでいたら，国家が成り立たないと思うのですが…。

　それはさておき，一握りの富裕層はともかく，これといった資産もなく，給与所得だけで生活している私たち庶民にとって，習い事をするかどうかの決断は一大事です。英語・英会話スクールの場合，受講料が数十万にのぼりますから，額が大きいだけに「少しぐらいディスカウントしてくれないかな？」と思う人もいるでしょう。

　私が大手スクールに勤めていたときも，カウンセラーから「キツい値切り交渉をしてくる入学希望者」の話を何度か聞きました。自分で語学教室を立ち上げてからも，まれにですが，受講料の値引きを打診

してくる人がいました。そして不思議なことに，値切ろうとする人はたいていじっさいには入学しません。値切る時点で，コストパフォーマンスに疑いを抱いているわけですから，不思議でもなんでもないのかもしれませんが。

❖中小のスクールで値切るのは考えもの

　大手スクールの多くは，カウンセラーと講師が別々にいますので，値切ってもカウンセラーの心証を悪くするくらいですみます（カウンセラーさんには悪いですが）。そもそも大手は，前述のようなボリューム・ディスカウント制などによって，あらかじめ「おトクですよ」というアピールをしていますから，個々の顧客の値引き交渉には応じないでしょう。だから値切ってもムダですが，やってみるぶんにはお止めしません。

　しかし，私が経営していたような小規模な教室では，講師がカウンセラーを兼務することが多く，値切り交渉はかなりリスキーです。というのも，入学した場合，値切りをぶちかました当人から英語を習うことになるからです。

　たとえ結果的に値引きをしてもらえなかったとしても，値切ったということは，講師に対して「あなたにそれだけの価値があるとは思えない」と暗に言ったも同然です。自分のスキルを見くびられて，いい気持ちのする講師はいません。講師も人間ですから，「値切ったぶんだけ，手を抜いてもいいや」と思うかもしれません。私の場合，前述のように値切った人は入学しなかったので，そのような「手抜き」をする機会はありませんでしたが，おたがい精神的なわだかまりを抱えることになるのはたしかです。

そもそも中小のスクールは，総じて大手より受講料が安めです。立地や講師数などの条件面で大手より不利だから，少しでも安くしようというのもありますが，何より大手のように莫大な広告宣伝費を使わないぶん，コストが下げられるからです。有名人を起用したCMなど，実のないことにはコストをかけず，レッスンの中身を良くしようというのが，多くの中小スクールの理念のはずです。

そうやって相対的に安めに設定してある受講料からさらに引かせると，中小スクールの経営を圧迫しますし，値引きが常態化すれば業界全体で価格競争が激化するかもしれません。受講料が全体的に下がれば講師のギャラにも響き，長期的に見ればレッスンやスクールの質の低下を招きかねず，利用者にとっても不利益となります。

❖架空のおトク感

受講料のディスカウント志向には，必ずしも「値切る人がケチだから」といった個人の問題だけに帰せないところがあります。「値引き当然」のような風潮は，本質的には多分に長く続いたデフレのせいでしょう。

大手スクールの広告でも，「いまなら入学金無料（〇月〇日までのご契約限定）」とか，「〇月までに契約すれば，受講料20％オフ」などというキャッチフレーズをよく見かけます。

しかしこれは，実質的には値引きでもなんでもありません。とりわけ入学金は，いまでは有名無実化しています。入学金というのは，賃貸物件の更新料などと似ていて，いわば事務手続きの手数料です。パソコンが普及していなかった昔は，書類を一つ作成するだけでもおおごとだったので，手続きをするスタッフの人件費も含めて受講者から

もらうというのが慣習化していました。これだけITが発達したご時世で，何万もの入学金を取るのは，いくらあくどい会社でもそうそうできないでしょう。

　要するに大手スクールは，もはや取らなくていいものを，「いまなら無料」と言うことで，**架空のおトク感**を出そうとしているだけなのです。それに，期間を限定するのはマーケティングの常套手段ですから，安易に引っかかってはいけません。

　受講料オフにしても，引いても利益が十分以上に出る範囲での話です。大手は，とりわけ過当競争が激しくなった昨今，みすみす損するようなやり方はしません。払う側からしても，1万円の商品が20％オフで8000円になればたしかにおトクですが，1年間の受講料60万円が20％オフになっても48万円です。ウン十万を費やすことに変わりはありません。

　私の語学教室では，そういったディスカウントはいっさいしませんでした。あるとき，入学希望の方から「入学金無料のキャンペーン中とか，そういうのはあるんですか？」と聞かれたので，やっていないし，これからもやる予定はないと答えました。するとその人は意外にも，「それなら納得です。お世話になります」と言って，その場で入学を決めてくれました。

　この生徒さんの考え方は，「『いまなら入学金無料』などというスクールは，かえってアヤしい。それに，キャンペーン外の期間に正規の料金を払った人に対して不公平だ」というものでした。教室を立ち上げて以来，安易な値下げはむしろ顧客の信用を失うという信念でやってきた身からすると，じつに報われた思いがしたものです。

　「値下げはかえってアヤしい」などと考える人は，このせちがらい

世の中，それほど多くはないでしょう。しかし，大手の宣伝攻勢に巻きこまれて，小さなスクールでも値引きを要求するのは，めぐりめぐって受講者の不利益となるのは，すでにお話しした通りです。大手スクールの収入（つまり利用者から徴収する受講料）のかなりの部分は，有名人の CM 出演料や各種キャンペーンの宣伝に消えます。しかし，中小のスクールのそれは，講師の人件費や場所代などの諸経費に，事業を継続するうえで必要な利益を乗せたもので，削れる余地はほとんどないことをご理解いただければと思います。

👉 **「いまなら無料」は要注意！**

3-9　講師のせいにしない

❖「○○してくれない」と不平を言う前に

　ここまで何度か,「語学は本人の努力しだい」というミもフタもない（しかしまぎれもなく正当な）主張をくりかえしてきましたが,講師の力量が語学の習得に何ら関わりがないかといえば,もちろんそんなことはありません。

　講師のティーチング・スキルの高低や,生徒の力を正確に把握する能力のあるなしは,習熟度にダイレクトに影響します。学習プラン一つとっても,講師が見当違いの方向を向いていれば,いくら学習者にやる気があっても成果は出ません。それどころか,誤った方針に沿って勉強を続けたために悪いクセがついてしまうと,なかなか軌道修正できず,のちのち苦労するのは学習者です。

　先に触れた「ナルシスト講師」のなかでも最悪なのは,自分のやり方が正しいと独善的に信じこんでいるタイプです。そういう講師は,生徒の実力がなかなか伸びないような場合も,「語学の才能がないからだ」「努力が足りない」などと,すべて生徒のせいにして責任を回避しようとします。

　「良い講師」の要件は,①生徒の実力をしっかりと見きわめ,最適な学習プランを立てることができる,②考え方が柔軟で,生徒の習熟度に応じて臨機応変に学習法を工夫することができる,ということになるでしょう。さらに,受けられるレッスンの時間がかぎられているアラフォー世代にとっては,③レッスン外の時間の独学を支える意味で,**適度な放任主義**をとることができるかどうかが重要になります。

　しかし,かりにそういう「良い講師」にめぐり会えたとしても,す

べてを先生まかせにしていては向上は望めません。どうせスクールに通うなら，漫然と次のレッスンを待つのではなく，自分からグイグイ勉強して先生をあっと言わせてやろう，くらいの気持ちで臨みたいものです。

　講師はふつう，予習を前提にレッスンを行います。逆に言えば，**「予習しなくていいですよ」などと言う講師は，「お客様生徒」がいやがることを避けようとしているだけのダメ講師**です。たとえば1時間ていどのレッスンのなかで，出てくる単語の意味や用法をすべて説明することはとうていできません。そこで講師は，生徒が予習してきていることを前提に，語義が多岐にわたるとか，覚え方にコツが要る単語などに絞って解説します。そんなとき，「この先生は説明不足だ」と非難するのは筋違いでしょう。単語の意味などというのは，自分で辞書を引けば調べられることですから，「宿題」として与えられるまでもなく，レッスン前に押さえておくのが基本です。

　「先生が〇〇してくれない」と不平を言う前に，自分がしっかり予習・復習をしているかどうか，真摯に内省してみましょう。

❖受講料の高さは，講師のクオリティに直結しない

　予習・復習をきちんとやっているのに，いつまでたってもレッスンの内容がわかるようにならなければ，「ダメ講師」に当たった可能性があります。その「ダメ度」によっては，スクールにかけあって講師を替えてもらうか，スクール自体を替えるしかないでしょう。

　そんなことにならないように，講師の力量を見抜く目を磨ければいいのですが，すでに述べたようにそれはたやすいことではありません。ダメ講師に当たった場合，何か月もしんぼう強く通ったあげく，よう

やく「どうもあの先生，おかしいぞ」と気づく…というのがふつうのパターンでしょう。

　目に見えるわかりやすい指標として，「受講料が高い＝講師のスキルも高い」と思っておられる方もいるかもしれませんが，それは大きなまちがいです。

　経済学では，「高級な品やサービスは，むやみに値下げしないほうがよい」と言われています。いわゆる「名声価格」というやつです。たしかに私たちは，ブランド物，宝石，高機能サプリや化粧品など値の張るものについては，あまりに安いと「ニセモノじゃないか？」という疑いを抱きますし，あるていどの額を支払ってこそステータスになると考えます。

　「名声価格」はふつう，生活に必須ではないが，持っているとステータスの証となるような奢侈品について言われる概念です。私はこれが，英語・英会話スクールに関してもあてはまるように思います。「安かろう悪かろうじゃ困るから，多少は出さないと…」という意識が働いて，年に20万円の小規模な教室よりも，100万円かかる有名スクールを選ぶ，といったことはないでしょうか。とりわけ一定の収入があるアラフォー世代は，余裕があるぶん，その傾向が高まるように思います。しかし，これは危険です。

　私は3-8では，「勉強や習い事に関して，目先のお金をケチるのはよくない」と書きました。受講料の水準が下がると，長期的には受講者の不利益となるとも述べました。でもそれは，「受講料は高いほうがいい」ということではありません。「価格＝価値」ではない，つまり**受講料が高いからといって，良い講師が揃っているとは必ずしも言えない**のです。

高いお金を出して買ったブランド物が，じつはニセモノだったと知れば，だれでも怒ります。いっそ「知らぬが仏」で，ホンモノだと信じていたほうがマシだったかもしれない…それと同じで，高額な受講料を払わされると，「ダメ講師であるはずがない」と思いたがるものです。しかし，すでに述べたように，高額な受講料を取る有名スクールにもダメ講師はいます。くれぐれも「名声価格」だけを頼りにスクールを決めないようにしましょう。

❖講師を「その気」にさせよう！

英語から離れて20年のアラフォー世代は，学生時代，自分がどうやって勉強していたかさえ，ぼんやりとしか思い出せないもの。お金に余裕のある人なら，自己流であれこれ学習法を工夫するよりも，「スクールに通えばなんとかなるだろう」と思いがちです。そして入学後は講師に対して，「高いお金を払っているのだから，モノになるまで教える義務がある」と考えてしまいます。

もちろん，講師の側にも義務や責任はあります。でも，自習をロクにしない生徒さんから「英語力を伸ばしてくれ」と言われても，それは講師の義務や責任の範囲外だとお答えするしかありません。

私は講師時代，ある生徒さんの熱意に乗せられて，すっかり「その気」になってしまったことがあります。この生徒さんは，自分で学習法をいろいろ工夫して，レッスン外の時間も熱心に独学する方でした。英検1級を目標とされていたのですが，残念ながら二度，二次試験で不合格になってしまいました。まったく及ばなかったわけではなく，1割ほど点数が伸びれば合格，というあと一歩のところでした。

講師として忸怩たる思いにかられた私は，なんとしても次こそは合

格させねばと，必死に知恵を絞りました。具体例の提示や簡潔な話のまとめ方など，彼が不得意だったことを強化するための学習法を練りに練る，レッスン後は二人で習熟度を入念にチェックするなど，自分もいっしょに試験を受けるような気持ちで臨みました。三度目の正直でようやく合格されたときは，手をとりあって喜んだものです。

　講師も人間ですから，漫然とレッスンを受けているだけの人には，「レッスン時間中さえきちんとやればいい」くらいの対応しかしないものです。どうせスクールに通うなら，こんなふうに講師を「その気」にさせて，めいいっぱい働かせましょう。「こんなに熱心にがんばっているのだから，なんとしても上達させたい！」と思わせ，レッスン外の自習についてもどしどし助言をもらいましょう。

　そして，講師に命じられるまでもなく，自主的に勉強できる状態になったとき，「もうスクールに通う必要ないや」と思えるようになるでしょう。「語学は独学に尽きる」，これぞ語学習得の極意です。それに気づかせてくれた講師は良い先生だし，学習者にとっても，スクールに高い受講料を払った甲斐もあるというものです。

♠あなたのやる気で，講師のやる気を引きだそう！

3-10 「ネイティブ信仰」を持たない

❖ネイティブとの「なんちゃって英会話」

かつて英会話スクール最大手だったNOVAは，「講師は外国人，レッスンは少人数」をキャッチフレーズにしていました。NOVAだけでなく，1980年代以降に叢生した英語・英会話スクールは，いずれも「ネイティブの外国人講師」を売りにしました。その背景に「実地に使えない受験英語からの脱却」を唱える趨勢があったことは，すでに述べた通りです。

主にこうした英語教育業界の喧伝によって，日本では「英語はネイティブから習うべきだ」というのが社会通念のようになっていきます。それはもはや**ネイティブ信仰**と呼ぶべき根強いもので，いまだ大きな影響力を発揮しています。

たしかに，私たちアラフォーが中学・高校で習った英語の先生たちにしても，文法の知識があって読み書きはできるものの，話すのは必ずしも得意ではありませんでしたよね。発音も自己流で，すごい「日本語訛り」があったりしました。これは個々の先生だけの責任というより，文法・構文・読解を重視する日本の英語教育そのものに要因があったのですが，ともかくそういう「話せない」教員に習っても上達しない，ネイティブに教わらないとダメだ，という考え方が席巻していったわけです。

もちろん，ネイティブ・スピーカーから英語を習うことにはさまざまなメリットがあります。外国人との接触の機会が少ない日本人が，英語話者との会話に慣れるのは有意義です。ネイティブならではの自然な表現を実地に聞いて覚えたり，私たち日本人とは違ったものの見

方や考え方に触れるなど，プラスアルファの側面も多々あります。

　私もホノルルに住んでいたころ，日系3世の知人からマンツーマンで英会話を教えてもらったことがあります。日系とはいえ，ハワイで生まれ育った人なので，日本語は片言しか話せません。当時の私は会話が非常に苦手で，英語オンリーのレッスンは正直かなりきつかったです。先生の言うことがわからない，自分の言いたいことが言えない。私が理解できずにいると，先生は英語でていねいに説明してくれます。でも私のほうは，英語で言われるとよけいこんがらがってしまうのです。しかたないので，「だいたいこんな感じのことを言っているんだろう」という推測のもと，生返事をしてお茶を濁すということもしょっちゅうありました。

　こんなふうにゴマカシていては，いつまでたっても会話力は身につきません。あのころ，もし日系の先生からレッスンを受けた後で，その内容についてだれかに日本語で解説してもらうことができていたら，上達の度合いがうんと高まったのではないかと思います。

　つまり，前にも述べましたが，**基礎力のない状態で，ネイティブだけから習っても上達しないのです。**習ったとしても，それと並行して，レッスン内容について英語と日本語の両方に通じたべつの先生から体系的な解説をしてもらうか，自分でしっかり復習するかしないと，**「なんちゃって英会話」**のままで終わってしまいます。

❖「英語漬け」は万能薬ではない

　2013年度から全面実施された最新の学習指導要領では，高校の英語の授業は「基本的に英語で行う」とされています。しかし，1年後の文科省の調査によれば，授業時間の半分以上を英語で行っている先

生は，全体の半数に満たなかったそうです。現場のとまどいと混乱がうかがえる数字です。

　この新しい指導要領によって，英語の授業で日本語が一切禁じられるというわけではありません。また文科省の本意は，「従来の日本語の説明を英語に置き換える」ことにあるのではなく，生徒が英語に触れる機会を増やし，コミュニケーションの力を伸ばすことにあるようです。

　しかし，「英語を英語で習うこと」には，いくつかの見すごせないデメリットがあります。

　学習者の母語を介さず，英語を英語だけで教える手法をダイレクト・メソッドと言います。その有効性については，専門家の間でも意見が分かれています。賛成派は主として，「英語漬けになることで，母語を介することなく英語を理解できるようになり，ネイティブに近づく」と言います。一方反対派は，「母語を介さないため理解が浅くなり，文法規則などがないがしろになる」と言います。問題は，「英語漬け」の効果がはたしてどこまで普遍性があるかです。

　語学のみならず，全教科を習得させたい言語だけで教えるやり方を，イマージョン・プログラム（没入法）と言います。1960年代にカナダで始まったもので，日本でもいくつかの私立小・中・高校でこの手法が採用されています。しかし生徒たちの語学力を見ると，総じてリスニング力は高いものの，スピーキングやライティングなどアウトプットの面ではやや劣る傾向があります。文法や語法などを正確に理解していない生徒が多いのです。先生が何を話しているのか，つまり授業の「内容」を理解することに夢中で，言語の「しくみ」に意識が払われていないためと思われます。

私もアメリカ留学中,さまざまな教科の授業を英語で受けましたが,教授の話を聞くのに必死で,文法や語法など,言語としての英語の特性をきちんと理解する余裕はありませんでした。ネイティブの英語に日常的に触れていさえすれば,「読む・書く・聞く・話す」が自然と身につくというわけにはいかないのです。小学校のある段階までなら,「英語漬け」も一定の効果があるでしょう。しかし,大人がやっても,劣等感が増したり,文法を軽視したりと,良いことはあまりないように思います。

❖「今日は何を習ったっけ…?」

　とくに会話は,相手の言っていることを理解しなければ成立しませんから,「英語漬け」のデメリットがとりわけ出やすいと思われます。人間の脳は,「話の内容」と「言語のしくみ」の両方を同時に意識することはできないようです。

　ネイティブ講師との英会話のレッスンを終えて,今日はどんなことを習ったかな,とふりかえってみればわかります。「メインは旅行の話だったな」などと,話のテーマは思い出せても,英語特有の文法や語法をいくつ習得できたかと問われれば,「はて?」となるでしょう。これでは,単に英語でおしゃべりをしたというだけで,語学力が向上したことにはなりません。今日はこういう表現を習った,こういう語法が使えるようになった,という学びがないと,語学の習得には結びつかないのです。

　ときに基礎から復習する必要があり,最終的には「使える英語」をめざすアラフォー世代の学習者にとって,選ぶべきは「雰囲気だけは上級者っぽいけど,その場かぎりのおしゃべり」か,それとも「めん

どうだが, のちのち役立つ文法・語法・表現の学習」か。答えは自明でしょう。その点, ネイティブに習うのはかえって障害となることは, 3-3などでも述べた通りです。

このさい, 大人には不向きであり, 無用でもある「ネイティブ信仰」はいったん捨てて, 基礎➡会話という正攻法で臨みましょう。

☝ 「英語漬け」はかえって逆効果！

Chapter 4

「しない」英語の独学法

～今日から始められる1人学習～

4-1　発音をあきらめない

❖カタカナ語発音は通じない

　かのミスターこと長嶋茂雄さんが，学生時代，the を「テヘ」と読んだというのは，もはや伝説と化した有名な逸話です。長嶋さんだからこそ，一種の武勇伝として流布していますが，われわれふつうのアラフォーがこれをやったら単なる物笑いのタネです。

　日本人は英語を聞いたり話したりするさい，特定の音が苦手だと言われています。たとえばよく指摘されるのが，「light / right」，「sea / she」，「mouse / mouth」の区別です。上記の the にしても，一般人は長嶋さんほど豪快なまちがいはしませんが，「ði ディ」「ðə ダ」となるべきところを「ジ」「ザ」と発音してしまいがちです。

　日本語は母音中心，英語は子音中心の言語で，音域が大きく異なります。f, r, v, th など，英語の子音の多くは，日本人にとってふだん耳にしないぶん聞き取りづらく，当然ながら出しづらいのです。

　加えて，英語ではアクセントの位置も非常に重要です。hotel をカタカナ英語的に「**ホ**テル」と，「ホ」にアクセントを置いて言っても，ネイティブにはなかなか通じません。発音記号は [houtél] ですから，あえてカタカナで書くなら「ホォゥ**テェ**オ」と，「te」を強く言わなければなりません。

　日本では多くの英単語がカタカナ語として定着していますが，そのさい日本語にない子音やアクセントは削ぎ落とされてしまいました。なのでカタカナ語のまま発音しても，英語圏の人には通用しないわけです。

　なかには「要は通じりゃいいんだ」とばかり，カタカナ語発音や自

己流アクセントで押し通そうとする人がいますが，それは相手の耳に過度な負担を強いることになりますし，何より礼儀を欠いた態度です。忍耐強い相手なら，身ぶり手ぶりをまじえて数分も説明すれば，おおよそはわかってくれるかもしれません。しかし，それでは会話が成立したとは言えません。英語をコミュニケーションのツールとして，大人のアラフォーらしく使いこなしたいのなら，アクセントを含め発音もしっかり身につけたいものです。

とはいえ，必ずしもネイティブばりの発音をめざす必要はありません。すでに何度か指摘したように，自然習得が望めない大人にはそれはきわめてむずかしいことですし，ここでもやはり，制約の多いアラフォーが，やれる範囲で最大限効率的にがんばる，ということに尽きます。

❖英語もいろいろ

発音を学ぶにあたっては，どの種（variety）の英語を規範とするかを決める必要があります。

日本の英語教育では，主にアメリカ英語が規範とされていますが，それは世界的にみればワン・オブ・ゼムにすぎません。ほかにもイギリス英語，オーストラリア英語，ニュージーランド英語，カナダ英語，インド英語，フィリピン英語…などなど，英語話者の多い国ではそれぞれに特徴を有する英語が話され，その土地の人々にとっての「主流」となっています。

そのうちイギリス英語とアメリカ英語は，たしかに二大潮流です。世界規模でいえばイギリス英語もまだかなりの普及度を誇っていますが，最近はアメリカ英語の拡大が顕著なようです。古くからアメリ

カ英語寄りだったのは、政治的・経済的・文化的に結びつきの強いラテンアメリカ、フィリピン、そして日本ですが、近年では韓国や台湾、中国、中東の一部も、アメリカ英語寄りになっているようです。

そのように英語にもさまざまあるにしても、リスニング教材の入手しやすさの点からすると、イギリス英語とアメリカ英語のどちらかということになるでしょう。好みで決めるもよし、ビジネス面の必要性（取引相手がアメリカの会社ならアメリカ英語、など）で決めるもよし、学ぶ人の自由です。

ところで、いろいろな種があるといっても、異なる種の英語話者同士で話がまったく通じないほど違いが大きいわけではありません。米語、英語、豪語の三つを考えてみると、それぞれ多少の違いはあるにせよ、発音の基礎部分は共通しています。

たとえばhotは、母音のoが米語ではaに近く［ɑ］、英語・豪語ではoに近い音となります［ɔ］。しかし末尾の子音tはいずれも無声音（声帯を震わせない音）で、母音をともないません。だから最後のtは非常に弱く、ほとんど聞こえません。

これがカタカナ英語になると、最後にoというよけいな母音を付けて、「ト」という音を出してしまいます。しかもhoとtの間に、英語にはない促音便「ッ」が入ります。「ホット」と言われても、英語話者には、hotとはほど遠い語に聞こえるのです。

このようにhotという、ごく短くてやさしい単語ひとつとっても、英語の音声体系は日本語のそれとはまったく異なっています。逆にいえば、**カタカナ語発音をやめて英語特有の発音規則をできるだけ遵守すれば、どこの国・地域の英語話者であろうと、そこそこ通じるはずです。**

❖発音を鍛えれば，リスニング力もアップする

　発音を鍛えることは，意思疎通をスムーズにするだけでなく，リスニング力の向上にもつながります。前述の通り，日本人は母語である日本語の音域の特性から，発話だけでなく聞き取りでも特定の音が苦手です。これは，インプットのさいに発音を軽視しているからです。

　たとえば「I'll have a cup of coffee.」という文を，文字で読めばすぐに意味が理解できるのに，音だけ聞いてもわからないという人が一定数いると思います。これは読むときに，「アイル・ハブ・ア・カップ・オブ・コーヒー」と，カタカナ語でインプットしていたために起きる事態です。発音やアクセントの位置，文全体のイントネーションなど，音声面の特徴を無視してカタカナに変換して読んでいると，同じ文がじっさいに発話されたとき，音のズレを耳（厳密には脳）が認識できないのです。じっさいには上記の文は，「アオハヴァカッオヴカフィ」のように聞こえるはずです。

　「読めるけど聞き取れない」を解消するには，音声面への意識を高めるしかありません。辞書で単語を引くときは，語義だけでなく，発音もしっかり確認します。発音記号を見ても音がわからないときは，電子辞書やスマホの発音チェックアプリを利用して，いちいち音を確かめましょう。また，たいていの紙の辞書には，付録として「発音解説」が付いています。発音記号ごとに，口の開け方や舌の位置が図解付きで説明してありますから，音声教材とあわせて活用しましょう。

　つねに音を意識して学習するようにすれば，脳内でインプットとアウトプットの相互連関が築かれ，聞き取りと発話の両方が同時並行的に上達していきます。

❖ 聞いたままを発話する

　英語は，文字と音のズレが大きく，書いてある通りに読まないことが多い言語です。たとえば right の gh は，音声的にはまったく発話されませんよね。ほかにも語末の b（例：climb）や e（time），語頭の k（know）や w（write）など，黙字（silent letter：発音されない字）がたくさんあり，綴りから発音を想像することがむずかしいのです。Wednesday なんて，中学校で覚えるとき，「まんなかの d は何なんだよ？」と思いませんでしたか？　学生時代の長嶋さんも，the を「書いてある通りに読んだ」のでしょう。

　また，ある単語が文に組みこまれると，発音の仕方が変わることもあります。リスニングのさいは文字にとらわれず，**聞いたままを発音する**ようにしましょう。ネイティブのモノマネをするつもりで，「そんなバカな」と思っても，なにしろ聞いた通りにくりかえすようにするのです。

　たとえば先に挙げた例で言うと，「I'll」は「I will」の短縮形であり，will の音を残して「アイル」と発音してしまいそうになりますが，じっさいにネイティブが話すのを聞くと「アオ」と聞こえるはずです。これは will が弱勢になって，音としては əl もしくは l となるためです。

　一つの手段として，慣れるまでは，リスニング教材などで聞こえた通りに，単語や文にカタカナで読み方を書いておくのもいいかもしれません。**カタカナ語に変換するのではなく，聞き取った音をできるだけ正確にカタカナで再現する**のです。「coffee：カフィ」，「party：パーリィ（もしくはパーディ）」（party の t は l と d の間くらい，「リィ」とか「ディ」に聞こえる）など，聞こえたまま書いて，アクセントを

付けるべき音には下線を引いておきます。この方式で発音を示した英和辞書があるといいのですが、残念ながら主要語だけカタカナがふってある小・中学生向けのものしかありません（参考までに、フランス語では『ディコ仏和辞典』がこの方式で高い評価を得ています。書店で見かけたらめくってみてください）。

　とにかく、①カタカナ語変換をやめて、発音記号（アクセントを含む）を辞書でよく確認する。発音記号がうまく読めなければ、電子辞書などを使って音声で確認する。②聞こえた通りに発音するクセをつける。この二つさえしっかり守れば、発音は意外と短期間で上達するはずです。

☝発音練習はモノマネ感覚で！

コラム▶▶▶英語圏暮らし7年・アラフォー男の体験談 ⑦

発音軽視はダメだが，発音だけでもダメ

　発音やイントネーション（抑揚）のズレは，ときに聞き手に多大なストレスを与えます。先日，日本のさる有名な経済学者が台湾に招かれ，台北市内で催された講演会に参加したときのことです。講演は英語で行われたのですが，それが失礼ながら思いっきりカタカナ発音で，聞き取りにくいことこのうえありませんでした。

　カタカナ英語に慣れている日本人の私ですらそう思うのですから，大半の聴衆（ほとんどが台湾人）にとっては「？？？」だったはずです。現に，途中で席を立つ人が少なからずいました。わざわざ台北まで来られたというのに，もったいない話です。日本の学者はもとより，閣僚や政治家の方々も，発音・抑揚しだいでスピーチの本意が伝わりにくくなることを，もう少し意識していただけたらと願います。

　かといって，発音さえ正確ならばいいかといえば，そういうわけでもありません。話の中身が形式的で空虚なら，いくら流暢に話しても心は伝わりません。また，「俺は／私は英語ができるんだぞ」という傲慢な態度で話せば，それだけで相手は聞く気をなくしてしまうでしょう。

　昔は政界でも，英語を話すというだけで一目置かれるところがあったので，いわゆるブロークン・イングリッシュであっても，とりたてて悪く言われたりはしませんでした。有名なのは，もと英語教員だった故・竹下登首相です。ご自身でも「発音がまったくダメ」と認めておられ，「私に習った生徒は気の毒だった」などと，それを逆手にとって笑いをとったりしていました。一方，歴代首相のなかで最も流暢な英語を話したとされるのが，故・宮沢喜一さんです。宮沢さんが海外留学などの経験はなく，すべて独学で英語を習得されたというのは，英語学習を再開したいアラフォーにも希望を与えてくれる逸話です。

　また，報道番組『ニュース23』で，長年にわたり外国人ゲストに英語でインタビューをしていたジャーナリストの故・筑紫哲也さんは，教養もあり表現の引き出しも多かったですが，発音はお世辞にもうまいとは言えませんでした。しかし，つねに謙虚に対話しようとする姿勢が相手の心を開かせ，多くのゲストから「彼は話を引きだすのがうまい」と言われたのです。

　発音軽視は論外，しかし，発音だけでは大人として不十分。これは英語にかぎらず，母語以外の語学をやるさいの大原則でしょう。

> # 4-2 文法を軽視しない

❖「話せるようにならないのは,文法を学んだせい」?

「英語なんて,単語を並べればなんとか通じる」。これもまあ,半面の真理ではあります。英語圏の国の街角で,急に体調を崩して病院を探そうというとき,どうするか。極端な話,「ホスピタル! ホスピタル!」と叫べば,親切な人が道順を教えてくれたり,あまりに具合が悪ければもよりの病院まで連れていってくれたりするでしょう。

しかし,多少なりとこみいった話をしようと思えば,単語の羅列では通用しません。「病院に行きたいが,いまお金の持ちあわせがない。だから先に銀行に寄ってお金を下ろしたい。このあたりで一番近い銀行はどこ?」と言いたいときに,「ホスピタル,ビフォー,バンク!」などと叫んでも,相手はちんぷんかんぷんでしょう。

上記は極端な例ですけれども,日本では,どうも英語の文法に対してある種の偏見があるように思えます。これは日本の従来の英語教育が,文法・読解中心で,コミュニケーションの側面を軽んじてきたことの副産物のようなものです。

「多くの人が中・高と少なくとも 6 年間は英語を学んだのに,簡単な会話さえできない」という批判が高まり,それがいつしかねじれて,「話せないのは過度に文法を学んだせいだ」➡「文法にこだわっていると話せるようにならない」➡「文法はあとまわしにしよう」という風潮が生まれてしまったようです。

しかしこれはまったくの曲解です。要は文法・読解偏重が過ぎたことが問題なのであって,並行して「聞く・話す」の練習をすればよかっただけのことなのです。

学校英語が文法・読解偏重となってしまったのには，いろいろ理由があります。まずリスニングについては，音声教材や機材が技術的に未発達で，高価なため普及していなかったことが挙げられます。次にスピーキングについては，教員のスキルの不足，ティーチング・メソッドの未発達，集団授業で発話の練習をすることの困難などです。また，リスニングもスピーキングも，習熟度を数値化するのがむずかしいので，試験による評価がしやすい文法・読解がおのずと中心になってしまったということもあります。

❖ こんなにも違う，英語と日本語

　そもそも英語と日本語は，たがいに言語間距離が遠い，つまり言語としての相関性・類似性が薄い言葉です。したがって日本人が英語を習得するには，母語との違いをきちんと学ぶことが不可欠です。それこそが，語順や格，人称，時制などのルール，つまり文法の習得なのです。

　なかでも重要なのが，SVOなどの文型です。英文法の参考書なども，たいてい最初の章に文型が出てきます。文型とは，要するに語順のルールであり，**英語は「語順が命」**です。日本語のように「てにをは」などの助詞が存在しないため，語順ですべてが決まるのです。

　たとえば「I'll buy you dinner.」という文を考えてみましょう。Youとdinnerという二つの目的語が登場します。これを日本語で，「私はあなたに夕食をおごります」としても，「私は夕食をあなたにおごります」としても，意味は変わりません。後者を選ぶなら，あえていえば「朝食でも，昼食でもなく，夕食」ということを強調する表現になりますが，それもニュアンスの差にすぎず，主旨に違いは出ません。

これが日本語の助詞「に」「を」の重要な機能です。助詞のおかげで、「あなた」と「夕食」という二つの目的語の語順を入れ替えても、意思疎通に支障が出ないのです。

　同じことを英語でやったらどうなるでしょう。you と dinner を入れ替えてしまうと、「I'll buy dinner you.」、日本語にすると「私は夕食にあなたをおごります」と、意味まで変わってしまいます。かりにこの語順で言いたいなら、「I'll buy dinner for you.」と、you の前に前置詞の for を補わなければなりません。こうすると、ちょっと押しつけがましいニュアンスが加わるので、日常会話ではあまり用いられません。

　また、日本語の会話ではよく主語や目的語が省略されますが、英語では基本的にありえません。先の文を、日本語なら「私」と「あなた」を省いて、「夕食おごるよ」と言っても十分通じます。しかし英語で「I」と「you」を省略して、「Buy dinner.」などと言ったら、意味をなしません。

　同じ理由で構文も重要で、日本語の発想で英語の文を作ろうとしてもできません。たとえば「その店にはお客が1人しかいなかった」という文を英訳したいとき、「〜がいる・ある」を表す there + be 動詞の構文の知識が不可欠です。この構文を知っていれば、ただちに「There was only one customer in the shop.」という英文を作ることができます。there＋be を知らずに、日本語の「いる・ある」から同じ文を発想することは不可能なのです。

❖稚拙な英語はナメられる

　私は冒頭の 1-1 では、「発話における文法逸脱現象」ということをお話ししました。たしかにネイティブの間では、書き言葉では守られ

る文法規則が，話し言葉ではときに簡略化されたり，故意に軽視されることがままあります。

　しかし，それはあくまで会話での現象であり，読み書きにおいては不必要な逸脱をするべきではありません。ビジネスの場面でならなおのこと，文法ミスや必須単語のスペルミスがあまりに多い稚拙な文書やメールは相手にナメられますし，事故のもとです。またリスニングにおいても，文法厳守を前提に聞いてこそ，逸脱が理解できるのです。

　なにもやたら複雑な構文や，ネイティブ独特のしゃれた言い回しを使いこなせるようにならなくてもいいのです。基本的な文法さえ押さえておけば，たいていの用は足ります。大人にふさわしい，使える英語・通じる英語をめざすなら，くれぐれも文法をないがしろにしないようにしましょう。

☝文法をしっかり学んで「通じる英語」を！

コラム▶▶▶英語圏暮らし7年・アラフォー男の体験談 ⑧

ロンドンにて，母に学ぶ

　イギリス留学を終え，日本へ帰国する前に，親孝行のつもりで両親をロンドンへ呼び寄せ，市内をあちこち案内しました。通訳兼ガイド役ではりきっていた私は，自分がトイレなどで席を外すさい，両親が困らないかと心配になり，「すぐ戻るから」と言って急いで用を足すようにしていました。

　ところが，あるとき戻ってみると，英語ができないはずの母が，現地の人と何か話しているのです。不思議に思って近づくと，母は初めから終わりまで日本語で通していました。それでもなぜか，おおよそ意思疎通が図れていたようです。

　私はそれを見て，英語講師としてこれまでやってきたことはいったい何だったのか，と愕然としました。あれだけ懸命に文法や構文を教えてきたけれど，そんな必要はまったくなかったのだろうか，と。

　しかし，これは私の早とちりでした。あとでよくよく話を聞いてみると，母はたいした会話をしていたわけではありませんでした。ちょっとしたお礼や謝罪などのあいさつを交わしていたにすぎなかったのです。

　たとえば道で進路をふさいでしまった相手に「ごめんなさい」と謝る。コーヒーを持ってきてくれたウェイターに「ありがとう」とお礼を言う。言葉は日本語の「ごめんなさい」「ありがとう」であっても，路上やカフェなど，状況が共有されている場では，言い方，トーン，表情なども加われば意思は十分伝わるのでしょう。

　文法をきちんと学ぶのは，語学習得の初歩中の初歩です。しかし，人間同士の最低限の思いやりや礼儀正しさがあれば，いざとなれば言語の違いを超えて意思疎通が図れるのだということを，母のふるまいに教えられたように思います。

ロンドン市内のあちこちで見かける，ビジネスマン向けのデリ＆カフェのチェーン「プレタ・マンジェ」。店名の PRET A MANGER は「できたての食事」の意。
日本でも 2002 年に事業展開を始めたが，すでに撤退している。

4-3　単語集を使わない

❖学生時代のやり方は通用しない

　語学習得に語彙力の強化は必要不可欠です。読み書きはもちろんのこと、スピーキングでも、語彙が貧弱だと言いたいことがうまく言えません。またリスニングでも、相手にいくらゆっくり話してもらっても、出てくる語彙を知らなければ意味がわかりません。

　問題は、アラフォーに適した語彙力強化策は何か、ということです。とにかく片っ端から覚えようというので、学生時代を思い出し、社会人向けの単語集を買ってきて暗記しなおそうというのは、賢明な策ではありません。なかには学生時代、「シケタン」（試験によく出る英単語を集めたもの）で、数日間で1000語、2000語も覚えたという方もいるかもしれません。しかし、それは試験や受験が目前に迫っていたからこそできたのです。大人になったいま、試験などの形で期限を切られることなく、たくさんの単語を覚えようとしても、なかなかうまくいかないことでしょう。

　それに、一定以上の数の単語を一気に暗記しても、短期記憶にしかなりませんから、ある期間が過ぎるとほとんどは忘れてしまいます。実になる英語をめざすアラフォーには、「短期決戦型」は向かないのです。

❖使える語彙を増やす

　アラフォー世代の語彙力強化策は、まず覚える単語の数や期間へのこだわりを捨てることから始めましょう。1週間に100個とか、1か月で1000個とか、あらかじめ目標を立てないことです。

それよりも，**使いこなせる語彙**を，一つずつ着実に増やしていくことを心がけましょう。単に見たことがあるとか，代表的な語義を知っているだけでは不十分です。多岐にわたる語義を押さえ，発音を把握し，用法を理解し，実地に使えるレベルにまで深く習熟する必要があります。そこまでのレベルに到達するには，代表的な語義・用法しか載っていない単語集では足りないのです。では何を使うのかといえば，これもやはり，「**いちいち辞書を引く**」ということに尽きます。

　単語集というのは，たとえば「TOEICで600点を獲るには，これくらいの語彙力が必要」というふうに，英語教育業界が線引きをして作ったものですから，用途が限定的なのです。TOEIC単語集を暗記しても，極端な話，TOEIC以外にあまり使いでがありません。

　一方，辞書で引いて段階的に覚えていく方法はどうでしょうか。ある文章を読んでいて，もしくはある音声教材を聞いていて，知らない単語が出てきたら，そのつど辞書で引いて意味や用法を調べる。文章中の前後のつながり，つまり文脈とセットで覚えるから，記憶が定着しやすい。翌日，翌々日には忘れているかもしれないが，くじけずまた辞書を引きなおす。すると前回引いたときのことを思い出して，「そうだった！」と印象が強まり，前よりも定着度が増す。このくりかえしで，毎日辞書を引くことが日課になると，長期記憶が形成されやすくなるわけです。

　この辞書による学習を基礎に据えたうえでなら，単語集を併用するのもいいでしょう。辞書で覚えた語彙を，翌日の通勤の電車内で単語集で確認するなど，復習に活用するのも手だと思います。

　結局，目的別単語集のたぐいで，文脈から切り離された形でいくらたくさん覚えても「使える語彙」にはなりません。それがじっさいに

使われている場面で，**生きた英語**として吸収しないことには，語彙の知識として深く定着しないのです。

❖生きた単語を身体化する

　単語集というものは，たとえて言うならサプリメントのようなものです。ビタミン，ミネラルなど人体に必須の栄養素は，ふだんの食事で摂取するのが望ましく，それではどうしても足りないぶんを補うのがサプリメントです。日常の食事をおろそかにして，サプリだけで栄養をまかなうことは不可能です。それと同じで，語彙の習得も，文脈に沿って覚えていくのが自然なやり方であり，またそうでないと血肉化しません。単語集はその不足分を補うサプリていどの役割だと思っておきましょう。

　最近の単語集のなかには，サプリから食事に格上げしようという目的なのか，長めの例文を載せて文脈的に覚えられるように工夫したものも出てきています。しかし，どうやっても順序が逆であることは変わりありません。「単語の集積に例文が付属したもの」では，「ちょっとリッチなサプリ」の域を出ません。**現実の文章のなかに埋めこまれている生きた単語を身体化していくしかないのです。**

　昔の単語集は，とにかく試験・受験向けに語彙数の多さで勝負するもので，一語につき一つか，せいぜい二つの語義しか紹介されていませんでした。いまもこの手の単語集は流通していますが，もはや化石のような存在です。

　そもそも，一語につき一訳語という考え方は語学においてはナンセンスです。同じ単語でも，使われる場面によって意味が異なることがしばしばあります。むしろ，語義が一つだけの単語は少数派です。

❖**読み物を使って多義語を習得しよう**

いわゆる多義語と呼ばれる単語には，語源から派生してさまざまな語義を含むものがあります。

たとえば score という語は，次のように文脈に応じてじつに多岐にわたる意味を表します。①得点，成績，点数。②楽譜，劇中音楽。③［古語］「20」，「20人」，「20個」。④多数の〜，たくさんの〜。⑤刻み目，切りこみ線。⑥原因，理由，根拠。⑦現状，進み具合。⑧［俗語］麻薬の入手，窃盗，強盗。…③以下は，すぐ思い出せる①や②からはちょっと想像がつきませんよね。

あるいは動詞・助動詞の have などは，どんな辞書でも数ページにわたってさまざまな語義が説明されている多義語の代表格です。シチュエーションに応じてカメレオンのように微妙に表情を変える語で，読解・訳出にせよ，会話にせよ，have を使いこなせるようになれば英語学習者としてかなりのレベルと言えるでしょう。

こうした多義的な英単語を，文脈もなしに，代表的な語義だけを暗記しても，総合的な英語力の向上にはさほど役立ちません。受験生のごとく単語集でひたすら暗記をするよりは，やさしめでもいいので英字新聞や雑誌の記事を毎日読み，そこで出会った未知語・多義語をていねいに調べていきましょう。初めのうちは，1日10個ていどでも十分です。

もちろん，語学の習得には，ときとして暗記も必要です。先に触れた文型や構文など，文法上の基本的なルールは丸暗記せざるをえません。単語にしても，頻出語の語義や綴りは覚えておかないと，ビジネスなど現実の場面で使えませんからいたしかたないでしょう。ただ，

暗記だけでは無味乾燥すぎて、いずれ学習がイヤになってしまいます。暗記ものをやっていると、なんとなく勉強している気になれるということもあるかもしれませんが、それは学生時代のやり方であって、アラフォーがいまさら戻るべき道ではありません。

　なお、多義語は、語源や派生の経路を一つの文脈とみなして覚えると身につきやすくなります。「語源で覚える英単語」といったたぐいの本は、読み物としてもおもしろく、語彙力強化の手助けになりますので、スキマ時間にパラパラめくってみてください。

☛単語集では生きた語彙力は身につかない！

4-4 音読を過信しない

❖音読ブームではあるけれど…

2-9で述べたように,ファッションなどと同じで,英語学習法にも流行りすたりがあります。日本では近年,社会人向けの学習法として「音読」が大流行しています。しかし,これもいつまで続くでしょうか。そもそも音読は単調な作業なので,初めのうちはおもしろくても,毎日のようにやっていればしだいに飽きてきます。また,手法自体は決して新しいものではなく,はるか昔から行われていました。現在のブームは一種のリバイバルですから,いずれ再びすたれて,ほかのものに移り変わってゆくことでしょう。

現在の音読ブームは,著名な英語講師が大々的に奨励したことで始まったようです。「あの先生がいいと言っているから」,何となく信じてしまう。しかしはたして,アラフォー世代が,音読だけやっていれば英語力を向上させられるのでしょうか。もちろん一定の効果は認められると思いますが,音読が英語力を伸ばすための万能薬であるかのようにみなすのは危険です。

❖音読だけでは足りない

私自身は,音読に意識的に取り組んだことはありません。オーソドックスな英語学習のなかにはもともと音読の要素が組みこまれていたので,意識せずともやっていたという感じです。

たとえば単語を覚えるにも,辞書で意味を調べると同時に発音記号を確認し,じっさいに発話してみます。ときには電子辞書で発音を聞いて,それをまねて発音練習をします。単語にかぎらず,表現・言い

回しもフレーズごと，あるいは文章ごと音読して覚えることもあります。4-1で述べた通り，英語を音としても習得するためには，学習に音読の要素を織りこまざるをえないのです。

しかし，これらはすべてインプットです。声に出して読むのでアウトプットかと錯覚しがちですが，そうではありません。

たしかに音読は，単語の発音や文章のイントネーションの正確な把握には役立ちます。しかしそれらは個々の単語，個々のフレーズ，個々の文章に切り離された形で記憶されます。アウトプットというのは，そうやって蓄えた知識を必要に応じてとりだして，シチュエーションに適した形で発話することです。したがって，音読だけやっていれば書ける・話せるようになるわけではないのです。

スピーキング力を伸ばすには，やはりアウトプットの機会を別に作らなければなりません。英語で文章を書いたり，だれかと英語で会話するさい，それまでインプットした語彙や文法の知識を総動員して，自分の意思を伝えようとします。そのとき，音読で覚えた発音やフレーズが初めて役に立つでしょう。そのくりかえしによって，その場に適した表現がなかば自動的に出てくるようになれば，音読体験は英語力のベースとしての意味を持ちます。音読ばかりやってインプットがいくら増えても，それを書く・話すなどのアウトプットで鍛えなければ，インテイク（体得）されたことにはなりません。

❖認知語彙をアウトプットで実用化する

専門家のなかには，「インプット仮説」を唱える人もいます。つまり対象言語の語彙や表現を大量にインプットすれば，アウトプットをしなくても習得できるという論理です。しかし，それならなぜ学校時

代,試験・受験勉強で難易度の高い英文を大量に読んだ人たちの多くが,いまだに簡単な英会話さえできないのでしょうか。

　語学習得にインプットが重要であることに異論はありませんが,それだけで OK というのは,現実に即していない机上の論理だと思います。もちろん,アウトプットしなくても記憶に刻まれている語彙や表現はあります。しかしそれらは recognition vocabulary（認知語彙）,すなわち「使わないけれど意味は知っている語彙」にすぎません。

　母語の場合は,日常的なアウトプットのなかで,認知語彙が自然とインテイクされた語彙・使える語彙へと移行していきます。しかし第二言語の場合,そもそもアウトプットの機会になかなか恵まれないわけですから,意味を知っているだけの認知語彙は,ほっておけばいつまでたっても使える状態にならないのです。

　日本人の英語学習者に「読めるけど書けない」,「聞けるけど話せない」人が多いのはこのためです。**たくさんの認知語彙・認知表現をインプットしているのに,意識的にアウトプットをしないためにそれらがインテイクされていないのです。**音読にしても,ひたすらそれだけ続けていても,スピーキングやライティングのアウトプット・スキルの向上にはなかなか結びつきません。

　「使える英語」をめざすアラフォー世代の方々には,くれぐれも音読ブームに踊らされず,「アウトプットもやらないと伸びないんだな」という認識を持っていただければと思います。

　　　　　　　　　👉 **「音読だけで云々」の宣伝文句には要注意！**

4-5 「聞き流すだけ」を信じない

❖「赤ちゃんの母語」と「大人の第二言語」は違う

母語,外国語を問わず,語学の習得には大量のインプットが必要であるということについては,専門家の間でも大きな異論はありません。

ただ,子どもと大人では,そのプロセスは同じではありません。赤ちゃんは沈黙期(生まれてから言葉を話しだすまでの期間)に,親や親戚など周囲の大人の会話,あるいはテレビなどから大量のインプットを得ます。そして言葉を話しだす(アウトプットが始まる)と,だれから教わるわけでもなく,沈黙期に蓄えたインプットを自然に自らの言葉としていきます。これが「母語の自然習得」の過程です。

しかし,赤ちゃんにとっての母語と同じように,大人が第二言語を学ぶことはほとんど不可能です。大量にインプットを浴びれば,自然と話せるようになるわけではありません。年齢的に自然習得がむずかしいというだけでなく,インプットされた知識を沈黙期以降の赤ちゃんのように,日常的にアウトプットしていく機会がないからです。つまり,冒頭の1-1でも述べましたが,ちまたで流行の「聞き流すだけでペラペラに」という謳い文句の音声教材は,ほぼまやかしです。

だいたい,「聞き流すだけで話せるようになる」なんて,そんなウマい話が転がっていると思うほうがまちがいです。文法や語彙を意識的に学ぶ必要はないということになりますから,極論を言えば英語という教科自体が不要になります。ではなぜ,文科省は英語の授業を廃止して,「聞き流すだけ教材」を全国に配布しないのでしょうか。答えは単純,それが自然習得と意識的な習得,母語と第二言語を混同した誤った理論に基づくメソッドだからです。

❖大人の強みを活かす

このように，大人は子どものように語学を習得することはできませんが，逆に理屈がわかれば大人のほうが有利な面もあります。第二言語習得の研究で，子ども，青少年，大人の各グループを対象に，まず架空の言語（事前の知識が影響しないようにするため）の文法や発音について説明を行い，そのあとテストをするという実験が行われたことがあります。テストの成績が最も低かったのは，子どものグループでした。この結果は，あらかじめ文法知識などの説明をすれば，大人のほうが習得率が高い可能性があることを示唆しています。

自然習得の能力は年齢とともに低下しますが，ものごとを論理的に理解し，解釈する能力は逆に加齢とともに高まります。聞き流しは，その後のプロセスが用意されている子どもには有効かもしれないが，大人がそれだけやっても単に音声のインプットが増えるだけで，使えるようにはならない。また，理屈の通じない子どもと違い，大人は「いいから暗記しろ」と命じられるよりは，理屈がわかったほうが飲みこみが早い。大人には大人の強みを活かした学習法があるのです。

❖手当たりしだいに聞けばいいというものではない

インプットを増やす＝たくさんの音声素材を聞くことは大切ですが，なんでもいいからただ聞いていればいいというものではありません。使われている語彙や表現のレベルが高すぎる，スピードが速すぎる，内容そのものに興味が持てない，むずかしくてさっぱりわからないなど，自分のレベルや関心に合わないものは論外です。内容を十分に理解できてこそ，インプットした音声をアウトプットに活かす，つ

まり知識をインテイクするのに役立つからです。手当たりしだいに聞く「英語漬け」の手法はかえって逆効果になりかねないことは、前章でも述べました。

「聞き流し教材」には、大きく分けて二種類あります。一つは、「すぐに使える」を謳い文句に、日常会話を収録したCDが毎月送られてくる年間受講型。二つ目は、子ども向けのやさしい物語や短編小説、聖書など、特定のテキストの朗読が吹きこまれたCD単品型。いずれも、ベースとなる学習にリスニング教材としてプラスしうるものですが、前者は全巻買うと費用が何万円にものぼります。スクールに通うよりは安いけれど、教材としてはお高い部類です。しかも、くりかえしますが、これだけで「話せる」ようにはなりません。くれぐれも誇大広告に乗せられて、「これならラクチンだ！」とばかり、食いつかないようにしましょう。

その点、CD単品型のほうがお金のリスクは低いですから、耳を英語に慣れさせるための教材としては適しています。反面、やさしめなだけに使われる語彙がかぎられているので、つっこんだ学習はできません。また、昨今ではわざわざCDを買わなくても、ネットやスマホのアプリでいろいろなリスニング教材が無料で利用できます。学習をスタートしたばかりの方は、まずはこうした無料教材を試聴してみて、ものたりなければ有料の教材を探してみてはいかがでしょうか（「聞き流し」以外の一般のリスニング教材の選び方については、4-7でご説明します）。

❖リスニング教材を使いたおす

自分のレベルにぴったり合った教材がなかなか見つからなければ、ややむずかしいかなと思うくらいのものにチャレンジしてみるのも

いいと思います。その場合は，次のように「**三度聞き**」をワンセットと考えましょう。

　①最初は和訳やスクリプトを見ずに通しで聞きます。聞きおわったら，訳を読んで内容を確認します。こうすると，最初に素の状態で聞いたときの自分の理解度がわかります。

　②こうして内容をおおざっぱに把握した状態で，もう一度聞きます。このときはもう話の中身をさほど気にしなくてすみますから，そのぶん語義や発音，表現などに意識を向けられます。聞きながら，意味や綴りのわからない単語，未知の表現などをメモしておき，聞きおわったらそれらを調べます。

　③そのあと，三度目を聞きます。こんどは特定の単語がつらなったときの音の変化やイントネーションなど，音声面の把握に努めます。

　こうして「三度聞き」をしたあとは，スクリプトを使って音読をします。教材の発音やイントネーションを極力まねる気持ちでやりましょう。使えそうな表現があれば，フレーズもしくは文単位で何度もくりかえすと，定着しやすくなります。さらに，音読のあとは気になった単語，表現，文をノートに書き写せば，ライティングの練習にも役立ちます。

　こうやって聞いた音声をインテイクすることで，「読む・書く・話す」の能力向上にも役立てる。**ただ聞くだけでなく，教材を使いたおす**。これが，アラフォーに適した学習法だと思います。

　　　　　　　　　　　　👉 **聞くだけなんて，もったいない！**

コラム▶▶▶英語圏暮らし7年・アラフォー男の体験談 ⑨

多言語の地・台湾の字幕事情

　私はいま台北に住んでいて、日常的に中国語に触れてはいますが、「聞くだけで話せるようになる」とはとても思えません。テレビを見るにも、中国語の字幕があれば多少は意味の見当がつきますが、ないとまったく理解できません。私のなかで、中国語の音声・文字・語義がまだほとんど一致していないからです。字幕にしても、日本語と中国語とでは同じ漢字でも読み方が大きく違いますから、いくら「聞き流し」ていても「聞き取れる」ようにはなりません。結局、中国語を体系的に学ばないかぎり、「読む・書く・聞く・話す」のどれもできるようにはならないのです。

　ちなみに台湾では、ドラマなど収録番組にはたいてい中国語の字幕が付きます。中国語の放送であっても、中国語の字幕が出るのです。一つには耳の不自由な方のため、もう一つには台湾が多言語・多民族の地だからです。

　台湾では、公用語は中国語（北京語、英語ではMandarin）とされていますが、ほかに台湾語、客家語、そして原住民諸語が話されています。年配の方のなかには、台湾語しか話せない人も少なくありません。

　台湾語も漢字がベースですが、発音は中国語とまったく違います。なので台湾語のモノリンガル（単一言語話者）は、中国語の放送を音だけ聞いても意味がわかりません。そこでテレビに漢字の字幕を添えることで、文字で理解を助けようというわけです。日本人である私も、このサービスの恩恵にあずかっています。

　それで思いついたのですが、内容をよく知っている海外のドラマや映画を、日本語でなく英語の字幕で見ると、学習の一助になりそうです。物語の筋を追わずにすみますから、そのぶん音声と文字の一致に意識を集中できます。映像作品をリスニング教材として活用する一つの手です。

台湾では、テレビのたいていの収録番組に中国語（北京語）の字幕が付く。
写真は日本の旅番組の一場面。

4-6 「読み書きはできる」と思わない

❖日本人の読み書き能力は高くない

　ここまで何度か,「日本人は,英語の読み書きはできるが,聞く・話すのは苦手だ」という通説（？）に言及しました。しかし,ほんとうにそうでしょうか。

　じつは,「読む・聞く」の能力を測る TOEIC で,日本人の平均スコアは比較可能な 48 か国中, 40 位とかなり下位のほうです（2013 年度）。4 技能を総合的に問う TOEFL でも,ヨーロッパのほとんどの国に平均スコアで劣っているうえ,アジアでも 31 か国中 26 位と低迷しています（同じく 2013 年度）。

　もちろん, TOEIC や TOEFL の平均スコアは一つのめやすにすぎません。しかし,いずれも下から数えたほうが早いような順位ですから,読み書きの能力が高いとはとても言えないでしょう。

　たしかに従来の日本の英語教育は,すでに述べたように読解重視で,リスニングや発話をおろそかにしてきた面があり,「話せる人材」が育っていないのは事実です。ところがじつは,「できている」はずの読み書きさえ,世界レベルでは不十分なのですから,結局事実として**日本人は英語が苦手なのです。**

　アラフォーのみなさんも,まずはご自分が**「読み書きはできる」**という思いこみを捨てましょう。そして,くれぐれも通説を拡大解釈して,「読み書きはもういいから,聞く・話すに集中しよう」などと極端に走ってはいけません。一定期間,リスニング力の強化に集中的に取り組む,ということなら問題ありませんが,「読み書きはいっさいしなくていい」という考え方は,かえって総合的な英語力の低下につ

ながる危険すらあります。

　まず、読解をやらないことでインプットの絶対量が不足しますから、使える語彙や表現が増えず、「聞く・話す」の力も伸びません。いくらリスニングの練習を積んでも、綴りや意味を知らない単語はいつまでたっても未知語のままです。すでに指摘したように、文字から音を想像することが困難な英語の場合、読み書きのトレーニング（とくに辞書による語彙力の強化）がどうしても必要なのです。

❖4技能をバランスよく鍛える

　そもそも、「読む・書く・聞く・話す」の4技能は、それぞれバラバラにして個々に伸ばすことのできるものではありません。4技能がバランスよく、有機的にリンクし、たがいに相乗効果をおよぼしあって初めて、英語が「モノになる」のです。

　それに、言葉というものは使わないと忘れますから、毎日コンスタントに学習するのが大原則です。読み書きをいっさいせずに、リスニングと発話の練習ばかりしていれば、メールや文書、記事など「書かれたもの」を処理する能力は下がる一方です。「おれ、会話専門だから、書類はヨロシク！」なんて人は、ビジネスパーソンとして通用しないだけでなく、大人失格でしょう。

　読む、書く、聞く、話すの無限連鎖でしか、語学はほんとうには身につかない。これは私の経験からも、かなり自信をもって言えることです。私はアメリカ留学時代、リベラルアーツ（いわゆる一般教養課程）を受講し、社会学から心理学、物理学、栄養学、保健、数学にいたるまで、さまざまな分野の知識を幅広く学びました。分野が異なるごとに、知らない単語が続出しますから、毎日毎日、辞書を引いて引

いて引きまくるという感じでした。

　そうやって得た語彙や表現の知識が，講義やテキストの講読，レポート書き，クラスでのディスカッションなどの機会（インプットとアウトプットの両方を含む）を通じて，脳に定着していきます。こうして，意味を知っているだけの認知語彙が，意味を知っていて，かつ使える使用語彙として蓄えられていくのです。じっさい，この時期ほど，語彙や表現のストックが飛躍的に増えたことはありませんでした。

❖「なんとなくわかる」で満足しない

　現在，日本の英語教育は過去の反省に基づき，コミュニケーション重視型にシフトし，教科書の内容も会話中心になっています。しかし，それで「話せる」ようになるかといえば，おおいに疑問です。私はいまのようなやり方で，4技能すべてが中途半端になってしまうことを恐れます。

　学校時代に読み書き中心の英語教育を受けてきたアラフォーのみなさんも，「正直，もういいや」という思いでおられる方も多いかもしれません。

　じっさい，英文を見てもちんぷんかんぷんということはなく，辞書を片手に読めばおおよその意味はわかる。ＩＴが発達した現代では，手書きで単語の綴りをまちがえたりすることもないし，ネットで例文も豊富に拾えるから，簡単なメールを書くぐらいなら困ることもない…「英語が苦手だ」という自覚のあるアラフォーのうち，かなりの割合の方が，このように感じておられるのではないでしょうか。

　しかし，それだけなら，「なんとなくわかる」の域を出ません。そこから一歩先へ踏みだしたいなら，まずは「読み書きはできる」とい

う思いこみから脱却しましょう。Chapter 2 で紹介した「カフェ学習＋スキマ時間の活用」でいけば，会話も含め，少しずつではあっても4技能を同時に強化していくことができます。

☝**4技能を同時並行で鍛えよう！**

Chapter 4　「しない」英語の独学法

コラム▶▶▶英語圏暮らし7年・アラフォー男の体験談 ⑩

フィンランドの英語教育

　私はイギリス留学中,英語教授法の研究のために二度ほどフィンランドを訪れました。現地の高校で英語の授業を見学するのが旅の目的でした。

　フィンランドは TOEFL の平均スコアが 95 点と,日本の 70 点を大きく上回っており(2013 年度),じっさいほとんどの人が流暢な英語を話します。その普及度たるや,非英語圏の国としては世界でも抜きんでているのではないかと思います。なかにはフィンランド語訛りの強い英語を話す人もいますが,意思疎通のうえで支障はありません。

　どこへ行っても英語が通じますし,道など聞けばだれもが親切に英語で答えてくれます。一番おどろいたのが,ヘルシンキ市内の地下鉄車内でのできごとです。酔っぱらった男性が,私が外国人と見るや,フィンランド語ではなく英語でからんできたのです。「すごい,酔っぱらいのイチャモンも英語か！　こいつはただごとじゃないぞ」と思いました。

　どうしてこれほど英語が普及しているのか。高校の授業見学で,その秘密を垣間見ることができました。「読む・書く・聞く・話す」の4技能を,きわめてバランスよくとりいれた授業だったのです。見学する前は,みんなあれだけ話せるのだから,会話重視の授業なのかなと思っていましたが,さにあらず。読み書きもがっつり学ぶのがフィンランド流でした。

　人口 530 万強のフィンランドは,内需だけでは経済が成り立たないので,多くの企業が海外へ進出します。そのためこの国では,小学校から二つの公用語（フィンランド語とスウェーデン語）,そして英語を学ぶことがあたりまえになっています。条件の異なる日本で,一朝一夕に同じような英語教育を実施するのはムリですが,4 技能のバランスという点だけでも,学ぶところは大きいと思います。

ヘルシンキ中央駅周辺の様子。

4-7　むずかしい英語を聞かない

❖アラフォーに適したリスニング練習法は？

　リスニングの練習法には，大きく分けて「精聴」と「多聴」の二つがあります。

　「精聴」は，発声される英語を一語ずつ細部まで注意深く聞き取り，発音やイントネーションを含めてていねいに確認するやり方です。音声に対する感受性と認識力を高め，「読めるけれど聞き取れない」状態を改善します。

　一方「多聴」は，文字通りとにかくたくさんの英語を聴く手法で，個々の素材の習熟度よりも量を重んじます。発音などの細部にとらわれず，話の大枠を理解することを重視しますので，精聴よりも実戦向けと言えます。

　総合的な英語力の強化のためには，両方とも並行してやったほうがいいのですが，ここではアラフォー向けの目的に絞って考えてみましょう。もしあなたが，リスニングが非常に苦手で，まずはとにかく聞き取る力をできるだけ早く身につけたいとお考えなら，**話の中身を知っている，もしくは想像がつくものに，**精聴で**取り組む**ことをおすすめします。

　文字と違って，音声は出されたそばから消えていきますので，意識をかなり集中しないと内容を把握できません。その点，内容を知っているものなら，筋を追わなくていいので，精聴がしやすいと言えます。それをくりかえし聞くことで，英語を聞き取る基礎的な力をつけましょう。

　初めのうちは，多聴方式で，発音やイントネーションをあまり気に

せずに聞きます。あらすじを追うのではなく,「知っている内容が英語で聞くとこうなる」ということを確認するための作業です。慣れてきたら,一語一語を念入りに聞き取るようにしましょう。

❖教材選びのコツ

何ごとにもチャレンジ精神は必要ですが,ここでやたらこむずかしいものにムリに取り組むと,挫折して学習意欲を失いかねません。また,たとえあらすじを知っていても,出てくる語彙の難易度が高い小説や評論,発話の速度についていけない上級者向けの会話集やニュースなどは,何か月もかけて精聴しないとモノにできず,途中でイヤになってしまいますので避けましょう。

筋がわかっている,想像がつくものであっても,くりかえし確認・学習することを考えて,必ずスクリプトと和訳のついた教材を選びます。同じものをくりかえし聞いていると飽きますので,まずは3つくらいバリエーションを用意しておくといいでしょう。精聴そのものに慣れたら,気になる教材を追加していけばいいので,初めから大量に買いこむ必要はありません。

買う前に必ずスクリプトの第一段落だけ読んでみます。書店の店頭で読むのがむずかしければ,ネットでサンプルを探して読みます。この時点で,あらすじはわかっているものの,意味のわからない単語や表現が多くてとっつきにくいと感じたら,その教材はあなたに向いていませんので,別のものを探しましょう。

また,かりに読んで理解できても,リスニング教材として適しているとはかぎりません。たとえば文語体の小説などは,読むのはスムーズにできても,音で聞いて理解するのはむずかしかったりします。日

本語同様，英語も話し言葉と書き言葉で違いがありますので，注意が必要です。

この点，会話形式の教材は，語彙が比較的平易なので初級者にも使いやすいでしょう。またこの手の教材は，「友だちと旅行の計画を練る」とか，「クライアントとの会食」など，シチュエーションが明確なので，聞き取れない箇所が多少あっても全体的にはなじみやすいはずです。

モノローグ（一人語り）で，あらかじめシチュエーションが与えられていないとなると，もっぱら音だけで内容を把握しなければなりません。これは初級者にはかなり困難です。英検2級や準1級のリスニング（Part 2）では，この手の出題がなされます。しかも文章が書き言葉になっているので，なおさら内容把握がしづらいのです。英検のリスニングではメモを取ることが許されていますが，発話にメモが追いつかず，多くの受験者がここでつまずきます。個人的には，こういうリスニング試験にはやや疑問を感じます。

話がややそれたついでに言うと，**英検・TOEIC対策教材**のなかにも，アラフォーにとって使いでのある会話パートがあります。**英検のPart 1，TOEICのPart 3**です。読んだことのある物語や小説などのようになじみの内容というわけにはいきませんが，たいていはスクリプトと日本語訳が付いていますので，まずそれらを読解教材として読みこんで，内容をしっかり把握してからリスニング教材として活用するといいでしょう。

↳ 勝手知ったる内容を，英語に注意して聞きこむ！

4-8 スラングを覚えない

❖たしかにかっこいいけれど…

　海外の映画やドラマを見ていると、スラング（俗語）やイディオム（慣用句）がしょっちゅう出てきます。ひいきの俳優が「Holy crap!」（なんてこった！）などと語気鋭く言いはなつのを見ると、ついつい「かっこいい！　覚えて使いたい！」と思ってしまいますよね。

　映画やドラマでは、むしろこういった俗語表現が目立ち、私たちが中学・高校で勉強したような英語は影を潜めたように見えます。たしかに教科書的な英語と、ネイティブ同士の現実の会話とでは、使われる言葉にズレがあります。「リアルな会話」を追求するフィクションでは、その差がより顕著に出るのかもしれません。

　記述、発話、ボディ・ランゲージによる言語使用の様態を調べる「談話分析」（discourse analysis）という研究分野があります。そこでも、ネイティブ同士の日常的なやりとりのなかでは、不完全な文（incomplete sentence）や主語なしで始まる文（false start）など、学校英語、教科書英語では習わない文例が多数使われていることが指摘されています。

　では、実用性の観点から、ネイティブ・スピーカーが日常的に使っているスラングを覚えるべきなのでしょうか。ネイティブ同士のじっさいの会話を録音したものとか、人気の映画やドラマを教材にして、セリフをまねる。楽しいのは楽しいかもしれません。しかし残念ながら、「Shut up!」「Damn it!」「This sucks!」などというくだけた表現をいくら練習しても、英語の力はつきません。

❖ スラングは汎用性が低い

　スラングを覚えてもいいのですが，それは正規の文法に則った英語をしっかり身につけてからにしましょう。ネイティブ同士の会話でしばしば用いられる主語なし文や途中省略文，不完全な文などの俗語表現を先に覚えようとするのは，明らかに本末転倒です。正規の表現がわかっているからこそ，逸脱表現が使えるのであって，その逆はありえません。

　ネイティブたちは，完全な文の作り方を知らないのではなく，知っているけれどあえて省略しています。相手もネイティブで，おたがい正規の英語を知っており，省略しても意思疎通に支障がないことがわかっているから，スラングが通用するのです。

　それに，友人同士のくだけた会話では，スラングだらけでも問題ないでしょうが，ビジネスの場面でスラングを使ったら，どうなるかは火を見るより明らかです。強気の条件を提示してきた交渉相手に，「Holy crap!」（まいったね！）などと答えたら，その時点でアウトでしょう。

　一方，正規の表現は，場面によって使えないなどということはありません。フォーマルであろうとカジュアルであろうと，省略のない完全な文を示すことができれば，あなたの意思は必ず伝わります。あたりまえの話ですが，**スラングのほうが，正規の表現よりも汎用性が低いのです**。

　英語で自分の意思を十分に伝えることができる人が，カジュアルな場面とフォーマルな場面でもっと使い分けがしたいと思い，スラングなどのくだけた表現を習得しようというのならわかります。つまり，スラングは中・上級者のプラスアルファであって，忙しい合間を縫っ

て英語を学ぶアラフォーには無用の長物なのです。

❖どんな場面でも使えるわけではない

　そもそも，私たちはどうがんばっても，英語のネイティブ・スピーカーにはなれません。だからネイティブと同じように話す必要はないのです。

　また，英語はいまや，ネイティブとの会話だけを想定して学ぶ言語ではなくなっています。むしろノンネイティブとのコミュニケーションに用いられることのほうが多いぐらいかもしれません。つまり人口の面から言えば，学校英語・教科書英語を身につけた人のほうが多いはずで，その点でもスラングのユーティリティの範囲は広いとは言えないのです。

　しかもスラングは，たとえ相手がネイティブだったとしても，いつでもどこでも使えるわけではありません。たとえば一時期，とくにアメリカの若い女性の間で流行った「ill」(気持ち悪い) という表現です。日本語に訳すなら，「キモ〜い」が近いと思います。これをアラフォー世代が，同年代か目上の人を相手に使ったら，おそらく引かれるはずです。齢40になろうといういい大人が「キモ〜い」とはなにごとか，と幼稚に見られるのがオチです。

　このように，スラングのなかには，相手の年齢やTPOを無視して使うと場違いになったり，非礼にあたったりするものがあります。外国人にはその微妙なニュアンスをつかむのがむずかしく，安易に使うべきではありません。それに，アメリカでは通じてもその他の英語圏では通じないなど，ローカルなスラングもあります。また，同じアメリカのなかでも，アングロサクソン系，アフリカ系，ヒスパニック系で

表現が異なるなど,民族性にも注意が必要です。
　スラングはいわば,ネイティブならではの高等表現であり,学校英語から復習する必要のある方にとっては難物です。映画やドラマのかっこいいセリフをマネして覚えるのは,上達してからのお楽しみとしてとっておきましょう。

　　　　　　　　　　　　☝スタンダードあってこそのスラング

コラム▶▶▶英語圏暮らし7年・アラフォー男の体験談 ⑪

アメリカのネイティブ・スピーカー

「ネイティブの英語よりも，ノンネイティブの英語のほうが聞き取りやすい」。これは英語学習者の間でよく聞かれる感想です。私のかつての生徒さんにも，そういう方がかなりいました。

私も渡米した当初は，ネイティブの英語にはお手上げ状態でした。まず，ネイティブは発話速度がとんでもなく速く感じられ，とうていついていけません。一対一でじっくり聞けば多少は聞き取れますが，ネイティブ同士の会話を横で聞いているとなると，さっぱりわかりませんでした。

一方，非英語圏からの留学生とは，ノンネイティブ同士，英語での会話が初めから比較的うまくいきました。ネイティブよりも発話のスピードがゆっくりだからというのが一番の理由でしょうが，それだけではありません。おそらく，おたがい学校で英語を「外国語として」学んできたため，省略や逸脱のない正規の英語を話そうと心がけるので，通じやすいのだと思います。

その点アメリカ人は，相手がノンネイティブだろうがおかまいなしです。ネイティブ同士と同じスピードで，スラングもばんばん混ぜて話しかけてきます。すべてのアメリカ人がそうだとは言いませんが，私の経験上はそういう人が多かった印象があります。「ここで暮らしたいのなら，英語ぐらい話せよ」と言われているようで，ムッとすることもありましたが，その悔しさが英語を猛烈に勉強するバネになった面もあったように思います。

さまざまなスラングが日常的に使われるアメリカに住みたいとお考えであれば，現地に溶けこむためにプラスアルファとしてマスターするのはムダではありません。ただし，スタンダードな英語をしっかり習得してから，の話です。なお，スラングだけを集めた辞書もいろいろ市販されていますので，日本にいてもあるていどは勉強できます。

4-9　ムリして英語で考えない

❖「英語のまま理解しろ」って言われても…

2-9や3-10で、「日本語を介さず、英語を英語のまま理解する」、「英語で考えて英語で発話する」学習法（ダイレクト・メソッド）についてお話ししました。

帰国子女の方など、自然習得で英語を身につけた人を除いて、ふつうの日本人は英語を読んだり聞いたりするさい、まず日本語に訳します。「Yesterday, I went to Tokyo Disneyland.」という英文を、「昨日、私は東京ディズニーランドに行きました」と逐語的に訳すわけではなくても、頭のなかで主旨を日本語化して思い浮かべます。発話のときも、まず日本語で話すことを組み立てて、それを英訳するという手順を踏みます。

このようにいちいち日本語を介していては上達が遅くなる。英語漬けの環境を人為的に作ったほうがいい。とりわけ意思疎通のスピードや流暢さが求められる会話においてはそうである——これがダイレクト・メソッドの考え方です。

たしかに日本語を介すると、読む・書く・聞く・話すの4技能すべてにおいてワンテンポよけいに時間がかかります。とくに会話では、意味を母語で確かめながら話すと、どうしてもたどたどしくなります。しかし、私としては、「**だから何なの？**」という気がしてしまいます。はたして、会話の流暢さ（fluency）や、「打てば響く」ごとくの即答性は、あらゆる人に必要なのでしょうか？

私は仕事柄、日常的に英語を使いますので、簡単な会話なら「英語で考えて英語で話す」ようになった気もします。しかし、こみいった

話をするときは、いまでもまずは日本語で考えます。発話の速度が落ち、流暢さは損なわれますが、そんなことで罪悪感を抱いたりはしません。

なかには、たどたどしい英語に露骨に苛立ちを見せるネイティブもいるかもしれません。しかし、そういう短気な外国人にビビりたくないというだけの理由で、会話の流れにばかり留意するのは無意味です。それよりも、**正確な意思疎通を行えるようになること**こそ、優先すべき課題でしょう。流暢さなんてものは、正確に聞き取ることができ、自分の意思を的確に話せるようになってから考えればいいことです。

❖ 「英語漬け」は負担が大きすぎる

とりわけ英語から遠ざかっていたアラフォー世代が、いきなり「英語で考えなさい」と言われても、なかなかできることではありません。ちまたでダイレクト・メソッドがもてはやされていても、過度に気にしないほうがいいと思います。

学習が進むと、単語レベルだけでなく、句もしくは文レベルで知識がインテイクされ、習熟度が高まります。この段階まで来れば、とっさの場面でも適した表現が自然に口をついて出てくるようになります。ダイレクト・メソッドでは、このようにほぼ無意識に表現が出てくる状態を「自動化」と呼び、回り道をせずにその状態に到達するためには英語漬けにすべきだと唱えるわけです。

しかし、英語漬けはかなりの負担をともないます。ムリして長続きしないよりは、日本語で理解したことを積みあげて「自動化」の状態に近づけるほうが、アラフォーの学習法としては現実的と言えるでしょう。

「英語で考える」(Think in English) 学習法を日本に紹介したのは，戦後の英語教育の主導者の一人だった故・松本亨氏です。しかし松本氏の考えに基づき，徹底した「英語漬け」教育を行ったフィニックス英語学院や TIE 外語学院は，それぞれ 2008 年に閉鎖，2014 年に倒産しました。その遠因はリーマン・ショックをきっかけとする経済危機でしょうが，学習法の面からいえば，日本人の学習者にとって「英語漬け」の負担が大きすぎ，広範な支持を得られなかったのではないかと思います。

❖辞書を使い分ける

　中級の上，準上級くらいのレベルになると，英英辞書が「英語で考える」ためのトレーニングに効果的です。しかし，初級・中級の段階でムリに英英を使う必要はありません。ときには少し背伸びする感じで，英英をのぞいてみると勉強になりますが，ふだんは英和を使いましょう。また英英辞書は，レベルを問わず，例文集として用いると便利です。手持ちの英和に例文が少ない，うまい表現が見つからない場合，英英が役に立つことがあります。

　このように，**語義は英和，語法・用法は英英**と，二つの辞書をうまく使い分けましょう。

　　　　　　　　　　　　　🔖 **日本語で考えてこそ，英語がモノになる**

コラム▶▶▶英語圏暮らし7年・アラフォー男の体験談 ⑫

「英語脳」のしくみ？

　そもそも，英語が母語でない人，つまりノンネイティブが「英語で考える」というのは，どういう状態を指すのでしょうか。かなり英語力の高い日本人が，ネイティブと流暢に会話しているのを見ると，「この人は英語で考えて英語で話している！」と思いがちです。しかしじつのところそれは，脳の処理スピードが速いだけなのではないでしょうか。流暢な人も，まず初めは日本語で考えて，それを英語になおして発話しているのですが，そのプロセスが非常に短く，日本語のクッションを経ていないように見えるだけなのではないかと思うのです。

　また，コロケーション（連語）の知識が豊富だと，「英語で考えている」ように見えがちです。コロケーションとは，相性のいい語の組み合わせです。たとえば" closely examine an issue "（問題を慎重に検討する）といったものです。こういった表現をたくさん習得していればいるほど，会話のスピードが増し，丁々発止のやりとりが実現します。それは必ずしも「英語で考えている」わけではなく，「場にふさわしい表現をよく知っている」にすぎません。

　哲学でも自然科学でも，「ない」ことを証明するのはむずかしいと言われています。この場合も同じで，流暢な英語を話している人が「日本語を介していない」ことを証明するのは，至難の業です。話している人が自己申告で「私は英語で考えている！」と言えば，それを信じるしかありません。

　脳科学がさらに進展して，「英語で考えるプロセス」が明らかになり，それを検査で判断できる日が来るのでしょうか。さらにその応用として，苦労して学習しなくても何らかの薬を与えれば「英語脳」ができたりするようになるのでしょうか。英語学習者，英語講師の経験からすると，言語習得はそんな単純なものではない気もしますが，もしそんな未来が来たら，本書のような学習法指南書もお役御免ですね。

4-10　忘れても腹を立てない

❖海馬の機能を利用する

　アラフォー世代の生徒さんを教えていて，一番多く聞かされたグチが，「覚えてもすぐに忘れちゃう！」です。なかには，学生時代と比べて記憶力が下がっている自分に腹を立て，「やめちゃおうかな」とこぼす人もいました。

　でも，1-7 でもお話ししたように，アラフォーの英語学習では，単語の暗記ひとつとっても「忘れたけど，覚えなおせた！」という感覚が大切です。私だって，忘れるのなんか日常茶飯事です。いちいち腹を立てていては，いい年をして語学などやっていられません。忘れることを織りこみずみで臨みましょう。

　そもそも人間の脳は，新しいことを一挙にたくさん覚えるのが苦手です。ましてや毎日忙しいアラフォーは，英語学習に割ける時間がかぎられています。いっぺんにたくさん覚えようとせず，毎日少しずつ，しかも翌日には忘れることを覚悟のうえでやりましょう。

　脳のなかで記憶を司る海馬という器官は，自分にとって必要な情報と不要不急の情報とを分ける機能を担っています。そうしないと記憶の貯蔵庫がパンクしてしまうからです。いったん「必要」のほうに分類された情報でも，しばらく見聞きしなかったり，使わなかったりすると，海馬は不要とみなし，捨ててしまいます。これが忘却のシステムです。

　だから海馬に捨てられたあと，意図的に拾いあげる作業が必要になります。覚えては忘れ，忘れては覚え，をくりかえしていると，海馬は「この情報は不要」と判断するいとまがなくなります。反復によっ

て長期記憶が形成され，しだいに定着していくのです。「忘れても，また覚えなおせばいい」，これがアラフォーの英語学習の基本です。

❖毎日触れれば，いやでも覚える

　忘却を織りこみずみで考えれば，学習計画も変わってきます。「週に７時間」を目標とするなら，１日だけ７時間やるよりは，毎日１時間ずつやるほうが，トータルの時間数は同じでも学習効率が良いのです。１日だけがっつり７時間やっても，残りの６日間はまったくやらなければ，覚えたこともどんどん海馬に捨てられてしまいます。

　英語習得が国家的な課題とされた敗戦直後の日本では，中学校で週６日間，毎日１時間の英語の授業を行うことが奨励されました。日に１時間以上やると消化しきれないこと，また毎日やったほうが効率が良いことが，すでにこの時代に認識されていたのです。とりわけ語彙や表現の暗記が欠かせない語学では，「毎日短時間，少量ずつやる」のが鉄則となります。

　また，いくら暗記が必要だといっても，やたら覚えよう，覚えようと意識するのは，「忘れてはいけない」という抑圧に向かうので逆効果です。あまり気負わず，**覚えたい単語や表現に接触する頻度を増やすのがコツ**です。毎日毎日，何度も目にしていれば，黙っていても海馬が「必要」と判断し，記憶の貯蔵庫に納めてくれます。

　いくら大切な取引先の人であっても，よほどインパクトの強い人ならともかく，一度名刺交換をしたくらいでは，数日たてば名前も顔もうろ覚えになってしまうでしょう。一方，同僚や上司は毎日顔を合わせますから，覚えようとしなくても自然に覚えてしまいます。それと同じことです。

❖早く覚えたいときは語呂合わせを活用

　学生時代，覚えたい単語をノートに何度も何度も書いて暗記する方法を採っていた方もいらっしゃるかと思います。しかし，これはおすすめできません。ただ見るよりも，書いたほうが覚えるだろうと思いがちですが，こうした単純作業はルーティンになりやすく，「ただ書いただけ」に終わることが多いからです。

　では，どうしてもすぐ覚えたい語彙や表現があるときはどうするか。覚えたいものと，自分にとって周知のものを関連づける方法が有効です。有名なのが古来の「記憶の宮殿」方式。『羊たちの沈黙』で，ハンニバル・レクターが披露したのをご記憶の方もおられるでしょう。頭のなかに，自分の家や仕事場などなじみ深い空間を思い描き，所定の位置に覚えたいことがらにすぐ結びつくような鍵を置いておくという方法で，これも海馬の特性を利用した記憶術です。しかし，「宮殿」を構築するのに多少時間と手間がかかりますので，ここではより簡便な**語呂合わせ**を推奨したいと思います。語学教室でも，とくに難易度の高い語彙を覚えてもらうためによく活用しました。

　たとえば lament（嘆く）という単語は，日常会話で頻繁に登場する言葉ではなく，英検でいえば準1級，1級レベルに相当するむずかしめの単語です。こうした難易度の高い語に毎日の学習時間を割いていると，ほかの必須語・頻出語が覚えられなくなってしまいます。そこで，語呂合わせの登場です。まず，「今夜も残業で，ちゃんとした食事ができない」という，話のマクラから始めます。そこから「今夜もラーメンとギョウザか～」という嘆き節につなげ，最終的に「lament：今夜も**ラーメンと嘆く**」といったぐあいに語呂合わせにします。

語呂合わせのコツは、**できるだけ自分で作る**ということです。外から与えられたものよりも、自分で考えたもののほうが、記憶として定着しやすいからです。われながらうまいとか、これは笑えるなど、語呂合わせを作ること自体を楽しみながらやってみてください。

忘れても自分に腹を立てたり、がっかりしたりせず、「毎日触れる」「急ぎのときは語呂合わせ」で気長にやりましょう。しつこく確認することで、海馬もやがて根負けします。

☙ **毎日見ていれば、覚える気がなくても覚えてしまう！**

▶付録1：迷わない！ 教材選び

　ここでは，忙しいアラフォー世代が効率よく英語を学ぶためのおすすめ教材を，目的・用途別にご紹介いたします。中学英語の基礎からやりなおしたい初心者から，ビジネスですぐに使える表現を学びたい中・上級者，海外留学を検討中の方まで，教材選びの参考にしていただければ幸いです。

【中学英語の復習】（初級 Basic）
『中学の教科書でこんなに話せる！英会話』（安河内哲也著，東京書籍）：カリスマ英語講師による大人向けテキスト。中学校3年間で習う基礎英文法の復習をしながら，簡単な英会話が学べる。短い会話の用例が豊富で実用的。

【旅行英会話＆リスニング強化】（初・中級 Lower Intermediate）
『4週間集中ジム 英語リスニング 海外旅行編』（高橋教雄著，アスク出版）：すべて会話形式で，自然な表現を学ぶのに有益。CD付きでリスニング強化に使えるのはもちろんだが，読むスキルの向上にも役立つ。

【ビジネス英語】（中級 Intermediate）
『ビジネスフォレスト ビジネスコミュニケーションのための英文法81』（鈴木希明著，桐原書店）：高校英文法参考書の定番シリーズのビジネス英語版。基本的な文法や定型表現をおさらいしながら，豊富な用例でビジネスですぐに使える表現を学べる。

【TOEIC対策】（中・上級 Upper Intermediate）
『解きまくれ！』シリーズ，『極めろ！』シリーズ（イ イクフン著，スリーエーネットワーク）：「TOEIC大国」韓国で人気の対策本の翻訳。ドリル形式による豊富な問題量が特徴。それぞれリスニング編（Part 1～Part 4），リーディング編（Part 5～Part 7）で分冊となっているので，強化したいパートから着手し

てみよう。また，メールなどですぐに使える表現もあるので，ビジネス英語の強化にも活用できる。

【海外留学準備】（上級 Advanced）
『Cambridge IELTS10 Student's Book with Answers』(Cambridge University Press 協力，Cambridge English)：IELTS 対策本の定番中の定番。北米の大学（院）でも，IELTS のバンドスコア（0〜9 で表される）が通用するところが多い。IELTS は TOEFL より試験時間が短く，すべてペーパーテストなので，アラフォーにおすすめしたい検定。「読む・聞く」に限定されている TOEIC と異なり，テスト対策を積めば「読む・書く・聞く・話す」の 4 技能すべてをバランスよく伸ばすことができる。なお，CD 付きは 7344 円とやや高め（テキストのみは 3770 円，いずれも 2015 年末時点）だが，ここはぜひケンブリッジの英語を耳でも体験してほしい。

▶付録2:お金をかけない! 英語学習法

 何から始めていいかわからず,お金に余裕があれば「とりあえず英会話スクールにでも通おうか」と考える方もいらっしゃることでしょう。最近では,「会話ではなく対話」をコンセプトに掲げる COCO 塾,講師のスキルの高さを売りにするベルリッツ,マンツーマンをモットーとする Gaba などが,社会人向けのスクールとして人気を集めているようです。しかし,本編で述べたさまざまなリスクのほか,費用の割にレッスン時間が短いなど,いずれもコストパフォーマンスが良いとは必ずしも言えません。

 本書では,「スクールだけが上達の道ではない」というスタンスをとりましたので,以下では「お金をかけずにできる学習法」を掲げておきます。

【無料でできる英語学習】

①ネットの記事や動画を活用しよう!

- 『The New York Times』(米),『The Daily Telegraph』(英)など,ニュース・メディアのサイトでさまざまな記事を読む…スマホやタブレットがあれば,いつでもどこでも,興味のあるものを選んで読める。無料で多読ができる最強ツール。
- 英語圏の記者,ライター,作家などのブログを読む…文章家ならでは・ネイティブならではの表現や言い回しを学べる。
- Youtube などの無料動画サイトでいろいろな海外動画を見る…映像の助けがあるので理解しやすい。

②NHK のラジオ講座を活用しよう!(スマホやタブレットにダウンロードすれば,どこでも聞ける。スクリプトがあったほうがいいので,テキストは書店で購入しよう)

- **ラジオ英会話**…内容的には,2008 年に放送終了となった「英会話入門」と

同じ。やさしい日常会話が学べる定番中の定番。
- **実践ビジネス英語**…ネイティブが使う表現が満載で，ややむずかしめ。歯が立たないと感じたら，まずは「**入門ビジネス英語**」から始めてみよう。
- **攻略！ 英語リスニング**…中・上級者向けに，リスニング力の強化に目的を絞った講座。実践的な会話例を耳から学べる。

③英語のパンフレット類を活用しよう！（海外旅行に行ったら，後日の学習のために必ず持ち帰ろう）
- 博物館・美術館・テーマパークなどのパンフレット…実地に見てきた内容だけに，あとで英文の解説を読むと内容が頭に入りやすい。リーディングの練習に役立つ。
- 街案内…「自分の国や街を外国人にどのように紹介するか」の文例集として活用できる。
- レストランのメニューちらし…食事・食べものの表現が学べる。また，外国からのお客を接待するとき，和食を英語で説明するための文例としても使える。

④英検の過去問サイト（www.eiken.or.jp/eiken/exam/）を活用しよう！
- 筆記問題を解く…自分がどれくらい上達したかのレベルチェックに活用できる。とくに各級とも語彙問題となっている§1は，語彙の習熟度を測るのに最適。
- リスニング強化に使う…リスニング問題の音声をダウンロードし，試しに問題を解いてみたり，リスニング教材として活用しよう。

【お手ごろ価格でできる英語学習】
①ケーブルテレビや動画配信サービスを活用しよう！
- 海外ドラマを見る…英語圏ネイティブのリアルな日常会話に触れられる。またそれだけでなく，『CSI：科学捜査班』なら先端科学や犯罪捜査，『24』なら国防・国際関係，『アリー my love』なら法書，『ER』や『Dr. House』なら医学,『BONES』なら法人類学など，ドラマの主題となっているさまざまな分野

の専門用語や表現を学べるので、語彙力強化に最適。
- 洋画を見る…楽しみながら口語表現が学べる。筋を追うのに苦労しないよう、ストーリーがシンプルなものを選ぼう。
- ドキュメンタリーを見る…英語と同時に内容も勉強になるので一石二鳥。

②比較的お安いレッスン・留学を活用しよう！
- ネット英会話…1レッスン125円〜など、店舗型スクールではありえない格安受講料が特徴。どうしても独学がむずかしければ、試しに受けてみては。
- フィリピン語学留学…アメリカやイギリスに比べて受講料が段違いで安いうえ、2週間みっちり英語漬けになれる。短期集中で学びたい人には、米英よりもおすすめ。

▶付録3：スキマ学習・レベル別シミュレーション

　本書でご紹介したような「スキマ時間を活用した英語学習」によって，どのくらいの期間でどのていどまで英語力が伸びるのか。「TOEIC スコア 800 点」を仮の到達点として，レベル別に推測してみました。すでに TOEIC で 700 点前後～800 点以上をマークしている方は，準上級～上級に相当し，学習法についてもご自身のやり方を確立されていると思いますので，ここでは除外します。

　「レベル」は，分類がきめ細かなことで有名なオーストラリアの語学学校の基準に準じました。TOEIC を受験したことがある方は，まんなかの「現時点での最高点」も参考にしてください。

　「800 点を獲るまでに必要な学習期間」は，個人差・学習の密度などによって差異が生じえますので，あくまでも一つのめやすとお考えください。

レベル	現時点での TOEIC 最高点	TOEIC800 点に必要な 学習期間のめやす
初心者：日常的に英語を使うことがまったくなく，中学・高校時代の学習内容をほとんど覚えていない。	—	4～5 年
初級：身ぶり手ぶりを交えた会話で最低限の意思疎通ができるが，語彙や表現，文法については中学レベルからの復習が必要。	10～350	3～4 年
準中級：基礎的な文法などは理解しており，簡単な会話なら聞き取れるが，話すのはうまくできない。高校レベルからの復習が必要。	370～510	2～3 年
中級～中級上：生活に必須の文法や語彙を理解しており，文法的なまちがいやぎこちなさはあるものの，自分の意思を伝えることができる。あと一歩のツメが必要。	510～660	1 年半～2 年

▶付録4：大人のためのオモテナシ英会話集

　街で外国人観光客を見かけることが増えたにもかかわらず，日本では駅の乗り換えや施設の案内表示など，英語話者にとっては不便と感じるところがまだまだ多いようです。困っている外国人を見たら，黙って素通りせず，オモテナシの心で接したいものです。ここでは，ありそうなシチュエーションを想定した会話例をいくつかご紹介します。「A」があなた，「B」が外国人観光客です。

　なお，それぞれ穴埋め問題になっていますので，簡単なテストにも使えます。前後の文脈から判断し，空所に適語を入れてみてください。頭の1字だけ示してあります（会話例の和訳は p.207-208，空所解答は p.209）。

【会話例1．道で迷っている外国人を見かけたら】

A: Hello. Can I help you?
B: Oh, yes. Where is the nearest station from here?
A: It's across the street, right next to the post office.
B: Thanks a lot.
A: My (p　　　).

【会話例2．駅で困っている外国人を見かけたら】

A: Excuse me. Are you all right?
B: Well, I'm not sure how much the train fare is to get to Tokyo Disneyland.
A: OK. Let's see. Oh, it says two hundred twenty yen. You can get off at Maihama station.
B: All right. I appreciate it.
A: You are (w　　　).

【会話例 3. 街中で何かを探している外国人を見かけたら】

A: Hi. Are you (l   ) for something?
B: Oh, yeah. I want to buy a SIM card for my cell phone.
A: Then, I'm sure you can get one at a convenience store.
B: Where is the convenience store around here?
A: Just right there. Can you see that Seven Eleven?

【会話例 4. バス停で困っている外国人を見かけたら】

A: Excuse me. Is everything OK?
B: Actually, I don't know which bus I should take.
A: Where do you (w   ) to go?
B: Tokyo Big Site.
A: Then, you can take the bus number 21.

【会話例 5. 電車内で困っている外国人を見かけたら】

A: Hello. Do you need help?
B: Oh, yes. Does this train stop at Ichigaya station?
A: No, it won't. You've got to (c   ) trains at Yotsuya.
B: All right.
A: And you can take a local train there.

【会話例 6. 東京の地下鉄路線図の前で困っている外国人を見かけたら】

A: Is there (a   ) I can do for you?
B: Well, subways in Tokyo are really complicated. I'm quite confused. I want to visit Akihabara, Asakusa and Tokyo Sky Tree. Is something like a one-day

pass available?

A: Then, I'd suggest you buy a one-day common pass. You can take both Toei Subway and Tokyo Metro Lines with it. It costs one thousand yen, and you can get it at the ticket machine over there. And also, Tokyo One-Day Free Ticket is available at JR. It costs one thousand five hundred and ninety yen.

【会話例7. 新幹線や特急の指定席車両で】

A: Do you need any help?

B: Oh, yes. Is it OK if I take a vacant seat here?

A: Actually, it's a reserved seat. Most of the JR express trains including the Shinkansen have reserved and non-reserved seats. Have you bought a reserved seat ticket besides a train ticket?

B: No, I haven't.

A: Then, you can (t   ) to find a seat in cars No.1, 2 and 3. They are all non-reserved seats.

【会話例の和訳】

1. 道で迷っている外国人を見かけたら
A：こんにちは。何かお困りですか？
B：ええ。ここから一番近い電車の駅はどこですか？
A：通りの向かい側，郵便局のすぐ隣です。
B：ありがとうございます。
A：どういたしまして。

2. 駅で困っている外国人を見かけたら
A：すみません。大丈夫ですか？
B：え〜と，東京ディズニーランドまで電車で行くのに，運賃がいくらか，わからないんです。
A：確認しましょう。220円ですね。舞浜駅で降りるといいですよ。
B：わかりました。ありがとうございます。
A：どういたしまして。

3. 街中で何かを探している外国人を見かけたら
A：こんにちは。何かお探しですか？
B：ええ。携帯用のSIMカードを買いたいのですが。
A：それなら，コンビニで手に入りますよ。
B：この近くでコンビニはどこにありますか？
A：すぐそこです。あそこのセブン‐イレブンが見えますか？

4. バス停で困っている外国人を見かけたら
A：すみません，大丈夫ですか？
B：いや，じつは，どのバスに乗っていいかわからないんです。
A：どこへ行きたいんですか？
B：東京ビッグサイトです。
A：それなら，21番のバスに乗るといいですよ。

5. 電車内で困っている外国人を見かけたら
A：こんにちは。何かお困りですか？
B：ええ。この電車は，市ヶ谷駅に止まりますか？
A：いえ，止まりません。四谷で乗り換えが必要です。
B：わかりました。
A：四谷で普通列車に乗ってください。

6. 東京の地下鉄路線図の前で困っている外国人を見かけたら
A：どうされました？
B：いやあ，東京の地下鉄って，すごく複雑で参ってしまって。これから秋葉原と浅草とスカイツリーに行きたいのですが，いっぺんにすむパスみたいなものはないですかね？
A：それなら，東京メトロと都営地下鉄の共通1日乗車券が便利でおトクですよ。どちらの路線にも1日乗り放題で，1000円です。そこの券売機で買えます。ちなみに，JRにも1590円の東京フリーきっぷというのがありますよ。

7. 新幹線や特急の指定席車両で
A：どうしました？
B：あの，この空いてる席，座っていいんですよね？
A：ええと，ここは指定席なんです。新幹線を含め，日本のJRのほとんどの特急には，指定席と自由席があるんですよ。乗車券とは別に指定席券を買われましたか？
B：いいえ，買ってません。
A：それでは，自由席車両で席を探してみてください。自由席は1号車から3号車までです。

【空所解答】
1. pleasure
2. welcome
3. looking
4. want
5. change
6. anything
7. try

おわりに

　本書の執筆中，香港を訪れる機会がありました。国際的な競馬イベントである「香港国際競走」の観戦を兼ねての旅行です。

　長らくイギリスの植民地だった香港では，1974 年まで英語が唯一の公用語とされていました（現在では中国語［広東語］と英語の両方が公用語）。イギリス領であると同時に国際的な自由貿易港でもあったため，英語の習得は香港の人々にとって生存手段の一つであり，教育もさかんでした。近ごろでは英語力の低下が懸念されているようですが，それでも日本に比べれば英語が通じる度合いは高いです。外国人観光客の数が世界一多い都市と言われるだけあって，街はインターナショナルな雰囲気に溢れています。

　LCC（格安航空会社）の台頭で，海外旅行の敷居もずいぶん下がっています。とくに香港や私の住む台湾，あるいはシンガポールなど，アジアのなかでも英語が通じやすい地域は，距離も近く比較的手ごろな値段で行けるようになりました。英語の勉強を再開してみようかなとお考えのアラフォー世代の方も，身近な英語体験の場としてアジアを旅されてはいかがでしょうか。観光を楽しめるだけでなく，現地のノンネイティブ・スピーカーたちと英語でやりとりするうちに，「もっと話せるようになりたい」など，英語への目的意識に目覚める機会が得られるかもしれません。

　英語と言えば欧米，というのは一種の偏見であって，ノンネイティブとの対話の機会のほうがむしろ多いということは，本文でご説明した通りです。アメリカ人，イギリス人，ヨーロッパ人のように話せないからといって，卑屈になる必要はまったくありません。お世辞にも

流暢とは言えない英語を堂々と話す香港のノンネイティブたちに会えば，そういう劣等感も吹き飛んでしまうはずです。

　かくいう私も，長年英語の学習を続けてきましたが，いつまでたってもネイティブ並みには話せるようにならず，自己嫌悪に陥ったこともありました。それが40歳でロンドンの大学院に留学して一変したのです。ロンドンは香港以上に人種・民族のるつぼです。さまざまな国から移り住んできた人々は，自分たちの英語がイギリス人と比べてつたないからといって恥じいったりはしていません。みんな堂々と英語を話しています。

　その様子を見ているうちに，自分がいかに狭い視野で英語をとらえていたかに気づきました。言語は生きものです。ネイティブの英語だけが唯一の規範でなくてはならないというのは，思いこみにすぎないのです。

　もちろん学習のさいには，アメリカ英語なりイギリス英語なり，規範がないとできませんが，会話やビジネスの場面など，実生活で使おうというときには，「ネイティブ英語」にこだわらなくてもいいということです。人と人との対話では，巧拙よりも，自分の言葉で意思を伝える姿勢のほうが勝る。これは英語にかぎらず，どの言語でも変わらない真理だと思います。

　アラフォーのみなさんも，ビジネスで優位に立つといった実利的なことだけではなくて，「だれかに英語で思いを伝えたい」とか「英語そのものを楽しみたい」というシンプルな動機や好奇心を大切にして，まずは今日から学習をスタートしてみてください。

　最後までお読みいただき，ありがとうございました。本書作成にあ

たり，ご協力いただいた新評論編集部の吉住亜矢さん，すてきなイラストを描いてくださった斉藤ヨーコさん，装丁を上品にまとめてくださった小橋太郎さんに，心より感謝申し上げます。

    2016年初春
            けんたっきぃ

Without haste, but without rest.
急がすに，しかし，たゆまずに。
(ゲーテ)

(原文："Ohne Hast, aber ohne Rast," Johann Wolfgang von Goethe, Zahme Xenien)

著者紹介

けんたっきぃ

英語教育コンサルタント。1973年生まれ。ロンドン大学教育大学院卒、TESOL（英語教授法修士）取得。英語圏在住7年（米4年、豪2年、英1年）。英検1級、TOEIC 990点(満点)。大手英会話スクールで1年間講師を勤めた後、独立。都内で社会人向け英語塾を開設、以来12年間、無借金経営を貫き、自己資金で最大5校を展開（2013年、英国留学のため黒字廃業）。企業、官公庁、大学、専門学校等でも英語講師を勤め、13年間で2万時間超の授業・レッスンを担当。現在は台北と大阪を拠点に教育関連の執筆活動などに従事。豪州にて競馬騎手経験有。

http://ken.main.jp

アラフォーから始めるオトナの英語学習法
「しないほうがいい」40のこと

2016年2月5日　初版第1刷発行

著　者　けんたっきぃ

発行者　武　市　一　幸

発行所　株式会社　新　評　論

〒169-0051　東京都新宿区西早稲田3-16-28
http://www.shinhyoron.co.jp

電話　03（3202）7391
FAX　03（3202）5832
振替　00160-1-113487

定価はカバーに表示してあります
落丁・乱丁本はお取り替えします

イラスト　斉藤ヨーコ
装丁　小橋太郎
印刷　神谷印刷
製本　中永製本所

© けんたっきぃ　2016

ISBN978-4-7948-1025-0
Printed in Japan

JCOPY　〈(社)出版者著作権管理機構　委託出版物〉

本書の無断複写は著作権法上での例外を除き禁じられています。複写される場合は、そのつど事前に、(社)出版者著作権管理機構（電話 03-3513-6969, FAX 03-3513-6979, E-mail: info@jcopy.or.jp）の許諾を得てください。

好評既刊

D. ロスステイン＆L. サンタナ／吉田新一郎訳

たった一つを変えるだけ
クラスも教師も自立する「質問づくり」

あのドラッカーも重視していた「質問づくり」のスキルが身につく実践法をわかりやすく解説！

四六並製　292頁　2400円　ISBN978-4-7948-1016-8

樋口裕一

㊟大人のための〈読む力・書く力〉トレーニング
東大・慶應の小論文入試問題は知の宝庫

「小論文の神様」直伝，ビジネスパーソン・社会人向けリテラシー＆ライティング実戦講座！

四六並製　246頁　1500円　ISBN978-4-7948-0796-0

ヘルシンキ大学世界文化学科編
植村友香子＋O. スメードルンド監訳

北緯60度の「日本語人」たち
フィンランド人が日本語の謎を解く

日本語に通暁したフィンランド人たちへのインタビューを通じて，素顔のフィンランドと日本語のしくみが見えてくる！

A5並製　308頁　2500円　ISBN978-4-7948-0899-8

＊表示価格：消費税抜本体価